Gudrun Zydek

Lebenswürdigkeiten

Aphorismen — Sprüche — Weisheiten

Band II

Gudrun Zydok

Lebenswürdigkeiten

Aphorismen
Sprüche
Weisheiten

Von Gott, den Menschen und der Welt

Band II

Bibliografische Information der Deutschen Nationalbibliothek:
Die Deutsche Nationalbibliothek verzeichnet diese Publikation in der
Deutschen Nationalbibliografie; detaillierte bibliografische Daten sind
im Internet über dnb.dnb.de abrufbar.

Design und Layout: Klaus Zydek

Herstellung und Verlag: BoD – Books on Demand, Norderstedt

ISBN: 978-3-7562-2077-9

„ALLES IM LEBEN ERZÄHLT UNS VON UNS SELBST."

INHALT

INHALT

INHALT

VORWORT

Ich habe sehr spät im Leben angefangen zu schreiben, unter anderem Gedichte. Als Fremdsprachensekretärin war Sprache für mich immer mehr als bloßes Verständigungsmittel. Das Schreiben drängte sich mir allerdings erst spät in meinem Leben auf, hat mich jedoch seitdem nicht mehr losgelassen.

Dabei merkte ich, dass meine Gedichte häufig in Aussagen mündeten, die den Rest des Gedichtes fast überflüssig machten, und verfasste von da an meist nur noch Aphorismen und Sinnsprüche – mit stets wachsender Begeisterung übrigens.

In meinen Texten, Aphorismen, Sinnsprüchen und Gedichten schreibe ich buchstäblich über Gott und die Welt – Sichtbares und Unsichtbares, Materielles und Spirituelles. Auch im Alltäglichen und Kleinen die großen Prinzipien des Lebens „ent"decken, denn: In jedem Teilstück des Lebens verbirgt sich das Ganze.

Ein guter Aphorismus hat viel gemeinsam mit einer guten Soße: Beide entstehen durch Reduktion des Überflüssigen auf die – gehaltvolle – Kernaussage.

Wenn ich sehr hochgestimmt bin, schreibe ich Euphorismen, bin ich über etwas entsetzt, werden es auch schon mal Dysphorismen. In der Regel bleibt es aber ganz ausgewogen bei Aphorismen.

Jedenfalls bin ich heftig vom „Aphorismus-Fieber" befallen. Das Aphorismus-Fieber (griech.: aforismó pyretó) wird übertragen von einem Virus der Gattung Kreativität und trifft ausschließlich denkende Menschen. Es verläuft in Schüben und ist unheilbar, wenn auch nicht tödlich. Man stirbt nicht an, aber mit ihm.

Das geschriebene Wort: Was nicht direkt autobiographisch ist, ist es indirekt.

Ich lebe und arbeite in Hennef / NRW.

Meine Bücher:

Lebenswürdigkeiten Band I
Aphorismen + Sprüche * Weisheiten

Komm, ich zeige dir den Weg! –
Unser Weg durch das Leben in inspirierten Schriften

Himmlische Regentropfen
Gedichte

Gudrun Zydek

Das Buch „Lebenswürdigkeiten" Band I
Aphorismen * Sprüche * Weisheiten
ergänzt den vorliegenden Band II mit folgenden Themen:

I.   Von Gott, Engeln und Glauben
II.   Von Geist und Seele
III.   Von Fragen, Antworten und Erkenntnis
IV.   Von Politik und Moral
V.   Von Raum und Zeit und Veränderung
VI.   Von Wundern, Wahrheit und Wahrnehmung
VII.   Von Jahreszeiten und Emotionen
VIII. Von Weisen und Narren und vom Glück

I. Von Freundschaft, Liebe und Licht

Anfang und Ende, Freundschaft, Liebe, Vertrauen, Verstehen

„Wer geliebt werden will, muss Liebe geben, denn Liebe findet immer zurück zur Quelle."

Anfang und Ende

Anfang und Ende

Jeder Beginn ist ein Anfang, aber
nicht jeder Schluss das Ende.
*
Du kamst auf diese Welt wie eine Blume,
die mit ihrem Duft und ihrer Farbe
die Erde für eine Zeit erfreut und verschönt.
Mag diese Schönheit auch vergänglich sein,
das, was sie bewirkt, ist doch unsterblich!
*
Auch für das Jahr gilt: Jeder Beginn ist ein Anfang,
aber nicht jeder Schluss das Ende.
*
Wer am Anfang vor dir kriecht,
fällt dir am Ende in den Rücken.
*
Liebe fängt bei uns selbst an.
Leider hört sie meist dort auch auf.
*
Wer (s)einen Weg nicht zu Ende geht,
kommt niemals an.

*

Nur wer überhaupt erst einen Weg beginnt,
kann bis zu seinem Ende gehen.

Blicke

Der erste Blick sieht ein Hindernis,
der zweite eine hilfreiche Stufe.
*
Schau mich an mit dem warmen Blick
der Menschlichkeit, der mich nicht nur sieht,
sondern auch erkennt!
*
Wer sich abhebt,
darf den Blick nicht senken.

Freundschaft

Freundschaft

Du tust den Menschen in deiner Umgebung so viel Gutes.
Vergiss dich dabei aber selbst nicht.
Behandle dich selbst genauso liebevoll wie andere.
Man muss auch nehmen können.
Wer immer nur gibt, „erschöpft" sich letztendlich
im wahrsten Sinne des Wortes.
*
Die Freundschaft ist Lebensschule
unter den denkbar günstigsten Voraussetzungen,
denn in Freundschaft verbinden sich Menschen,
die sich mögen, die sich sympathisch sind,
die sich zueinander hingezogen fühlen!
*
Freundschaft ist eine Tochter der Liebe.

*

Freundschaft ist das Miteinander, ist Ergänzung,
ist Austausch, ist Verbundenheit in liebevoller Absicht.

*

Freundschaft ist ein Beispiel, ein Zeichen,
was Menschen sich gegenseitig bedeuten können –
was im Umgang mit ihnen möglich ist.

*

Freundschaft ist nie einseitig,
sie ist immer Geben und Nehmen
im gegenseitigen Verständnis.

*

Das Wesen der Freundschaft und Liebe ist es,
uns aufzufangen, wenn wir am Fallen sind,
uns Hoffnung zu geben in dunklen Momenten,
da zu sein für uns.

*

Freundschaft:
Nicht die großen Worte, sondern
die stillen Taten zeichnen sie aus.

*

Die innige Freundschaft zwischen Menschen
kann uns lehren, wie wir uns allen Menschen
gegenüber verhalten sollten.

*

Echte Liebe und Freundschaft
bleiben auch ohne Nähe bestehen.

*

Eine Freundschaft,
die dich enttäuscht, war nie wirklich eine.

*

Dem Freund,
der nie ein Wort der Kritik an dir äußert,
begegne mit Vorsicht.

*

Hast du viele Freunde, hast du keine.

*

Dem Freund, der nie ein Wort der Kritik an dir äußert,
solltest du das Lob nicht glauben.

*

Wer sich selbst nicht Freund ist, kann es
auch anderen nicht sein.

*

Der beste Freund ist, wer die Zuneigung eines
Freundes mit der Ehrlichkeit eines Feindes vereint.

Freund und Feind

Was ist schon Besonderes daran, deine Freunde
zu lieben – aber liebst du auch deine Feinde?

*

Unter dem Gewand eines Freundes
steckt oft sehr viel Feind.

*

Unter dem Gewand eines Feindes
steckt oft sehr viel Freund.

Liebe

Der tiefere Sinn jeden Daseins

In Liebe und durch die Liebe leben,
das ist der tiefere Sinn jeden Daseins,
der Inbegriff allen Lebens.

*

Es bleibt der Mensch, so lang er lebt,
der Liebe Sinn auf falscher Spur,
wenn er, was Anerkennung nur,
zum Wert der Liebe sich erhebt.

*

Die Basis des Lebens in jeder Form ist die Liebe.

*

Leben heißt immer Geben und Nehmen.

*

Gib anderen, was du für dich erwartest!

*

Anderen etwas zu geben, gibt mir etwas.

Das Wunder der Liebe

Ein Wunder
scheint die Liebe mir zu sein.
Wenn viel von ihr ich gab,
war mehr von ihr noch mein.

*

Ich erhielt, was ich wünschte
und eine Weile war ich froh.
Doch erst, als ich gab,
fühlte ich wirklich Glück.

*

Archimedes staunt:
Liebe vermehrt sich durch Teilung,
und Liebe wächst,
indem sie sich verschenkt.

Liebe

Liebe ist die Hinwendung
innerer Gefühle zum anderen,
schließt den anderen ein
ins eigene Leben,
betrachtet ihn als zugehörig,
vereint da, wo Trennung herrschte.

*

Die Liebe, sie lässt dich jauchzen und auch seufzen,
hebt dich empor und kann zerschmettern.
Und doch, was wär das Leben ohne sie?

*

Liebe ist veredeltes Wissen.
Sie ist die Weisheit Gottes
und das Gedächtnis
des Lebens.

Sie ist beseelend
und innewohnend allem,
was lebt.

*

Wunderbare Kraft der Liebe,
Quell der Energie,
ohne dich uns nichts mehr bliebe,
doch versiegst du nie!

*

Als ich das Gleichnis vom verlorenen Sohn
zum ersten Mal hörte,
empfand ich es als sehr ungerecht.
Bis ich begriff, dass es gar nicht
um Gerechtigkeit ging,
sondern um Liebe.

*

Was wir lieben,
ist auch Quelle unseres Leidens.
Aber deshalb auf Liebe zu verzichten wäre,
als würde man nicht leben wollen,
nur weil man sterben muss.

*

Was wir lieben, ist bereits in uns.

*

Sie kostet nichts und ist unendlich kostbar doch.
Kein Gold, kein Geld, kein Gut wiegt je sie auf:
die Liebe!

*

Das Auge, aus dem Liebe spricht, ist so schön
wie das, was es mit Liebe betrachtet.

*

Was gedeihen soll, betrachte und nähre mit Liebe!

*

Liebe erkennt in einem Menschen
zuerst die Liebe, die in ihm wohnt,
und umfängt seine Fehler
mit zärtlicher Großmut.

*

Wer geliebt werden will, muss Liebe geben, denn Liebe
findet immer zurück zur Quelle.

*

Liebe ist ein Energiestrom,
der seine eigenen Wege
und Bahnen baut,
um sich selbst zu transportieren und
entsprechende Informationen weiterzugeben.

*

Wer die Kraft der Liebe erfassen will,
der muss in erster Linie glauben –
glauben, dass alles möglich ist,
nichts umsonst geschieht, Sinn hat.

*

Aus Liebe sind wir geschaffen, um in und durch die Liebe
zu leben und zu wachsen an Bedeutung und Wert.

*

Menschen mit Down-Syndrom sind ein Beispiel dafür,
wie liebevoll Menschen sein könnten, wenn der Verstand
sie nicht behindern würde.

*

Schau dir Verliebte an:
Wer liebt, leuchtet.

*

Sei nicht einfach nur lieb,
sei lieb zu jemandem!

*

Lieben sollst du, Mensch, nur lieben!
*
Es ist nie zu spät, die Liebe zu erleben –
sie kennt kein Alter.
*
Oh ja, es gibt sie noch,
die kleinen, liebevollen Gesten!
Und gerade,
wenn man sie am wenigsten erwartet,
beglücken sie am meisten
und beschämen manchmal sogar.
*
Die Liebe hat viele Töchter:
die Sanftmut, die Geduld, die Treue, die Güte,
die Freundschaft, die Zärtlichkeit, die Vergebung,
die Hingabe und die Fürsorge.
*
Obwohl uns das Leben ständig
Gelegenheiten zur Liebe bietet,
bringen wir es immer wieder fertig,
das Gegenteil zu wählen.
*
Am Anfang war die Liebe bei uns,
und die Liebe wusste um ihre Quelle.
Je mehr wir aber die Liebe verloren,
desto weniger wussten wir
und ersetzten das Wissen durch Glauben.
Glauben ist der Rest der Liebe in uns,
der uns noch mit dem Wissen
und der Quelle verbindet.
*
Die Liebe sieht dich selbst nur an.
Sie kümmert, was du leistest, nie,
und hätt'st du nichts von Wert,
auch dann und einfach so nur
… liebte sie.

*

Für die Liebe gibt es kein Alter,
für Hormone schon.

*

Wir sind immer dann glücklich,
wenn wir Liebe fühlen,
so tief und rein es uns möglich ist.

*

Liebe ist nicht blind,
und je reiner sie ist, desto klarer sieht sie.
Trüb und blind wird sie erst durch
menschliche Leidenschaften.

*

Der Valentinstag ist nicht der Tag der Liebe.
Der Tag der Liebe ist immer.

*

Alles Wissen, alles Handeln
wird gemessen an der Liebe,
die ihnen zugrunde liegt,
denn Liebe bedeutet Leben.

*

Die Liebe sucht und findet dich,
wenn du im Herzen bist bereit.
Zu sehr bedrängt, entzieht sie sich,
und kommt doch nie zu falscher Zeit!

*

Gegensätze ziehen an,
aber Gemeinsamkeiten halten zusammen.

*

Aufrichtige Liebe erst ermöglicht Gleichberechtigung.

*

Die Liebe zur Weisheit lässt sie uns finden.

*

Liebe –
darf's ein bisschen mehr sein?!

*

Liebende liegen sich am Herzen.

*

Nichts weckt mehr Liebe als Liebe.

*

Sünde ist Dunkelheit –
Liebe ist Licht.

*

Ohne Liebe keine Hingabe.

*

Liebe heißt,
Interesse am anderen zu zeigen.

*

Liebe freut sich miteinander
und aneinander und füreinander.

*

Das Gesetz der Liebe ist,
zu lieben alles, was du bist!

*

Dem Augenblicke gib dich hin
und koste seine Süße!

*

Hingabe ist das Geschenk der Liebe
eines innerlich freien Menschen.

*

Jede Hinwendung zu einem Anderen
ist eine Ausdrucksform der Liebe.

*

Wenn wir aus der Liebe heraus handeln,
handeln wir wahrhaftig.

*

Je mehr wir lieben, desto mehr wissen wir.

*

Wenn Treusein kein äußerer Zwang,
sondern ein inneres Bedürfnis ist,
dann ist es Liebe.

*

Heimat ist kein Ort – Heimat ist der Mensch,
den wir lieben.

*

Wo meine Liebe ist, da ist auch Heimat mir.

*

In meinem Alltagsgrau
bist du das Himmelsblau.

*

Die Liebe liebt, wie's ihr beliebt.

*

Bei Liebesschmerz und Liebesleid
ist Liebesfreud auch nicht sehr weit,
weil's immer wieder Wunder gibt
und jemand kommt, der dich nur liebt.

*

Liebe, die wir verschwenden,
ist gut angelegt.

*

Liebe ist der Generalschlüssel zum
fundamentalen Wissen der Welt.

*

Das Geheimnis von Anziehung ist Geheimnis.

*

Fehler nicht zu bemerken, ist Dummheit,
über sie hinwegzusehen:
Liebe.

*

Wenn ich manche Menschen nicht lieben würde,
würde ich sie manchmal nicht einmal mögen.

*

Liebe liebt nicht weil, sondern obwohl.

*

Liebe ist der Sauerstoff des Lebens,
der Atem des Herzens.

*

Wo Liebe ist, ist auch Vergebung.

*

Liebe gibt –
bedingungslos.

*

Wer bedingungslos liebt,
allen Menschen vergibt.
*

Bedingungslose Liebe
ist der Schlüssel zum Himmelreich.
*

Käufliche Liebe befriedigt . . . ohne zu befriedigen.
*

Es gibt keine größere Magie als Liebe.
*

Liebe kennt keinen Stolz.
*

Die Liebe ist keine Einbahnstraße.
*

Die Liebe ist kein Glücksspiel.
Wer mit ihr spielt, verliert.
*

Es ist leichter die ganze Welt zu lieben
als einen einzigen Menschen,
mit dem wir auskommen müssen.
*

Aus Egoismus sind die Fallstricke
der Liebe geknüpft.
*

Damit die Blumen im Garten der Liebe
gedeihen können, muss man sie von den
Unkräutern Misstrauen, Untreue, Unehrlichkeit,
Bosheit, Egoismus und Hass freihalten.
*

Werte nichts, doch segne alles!
*

Liebe ist dicker als Blut.
*

Liebe kann nicht sterben.
Sterben kann nur das,
was wir für Liebe halten.

*

Liebe ist Energie,
stark,
unzerstörbar
und unaufhaltbar.
Sie findet ihren Weg.

*

Liebe kann
man nicht einfordern,
sie ist immer ein Geschenk.

*

Der Liebe muss man sich nicht würdig
erweisen – sie schenkt sich blind.

*

Liebe folgt nicht dem Verstand,
sondern dem Gesetz des Herzens.

*

Die Liebe kennt alle Abgründe des Lebens
und ist die einzige Kraft,
die sie auch überwinden kann.

*

Die Schwerkraft der Erde zu verlassen,
das kann nur die Liebe
zwei Menschen
ermöglichen.

*

Wer in der Liebe meint, etwas zu verlieren,
liebt nicht, denn Liebe schenkt.

*

Was Liebe ist?
Ein Mensch
tritt in unser Leben
und ist uns Frühling
nach langem Winter:
voller Hoffnung auf Fülle.

*

Liebe macht die Seele reich.

*

Nur dem weichen Herz ist es möglich,
sich immer nach dem Sonnenstand
der Liebe auszurichten.

*

Pflücke das Rot des Mohns,
solange es glüht!

*

Um geliebt zu werden,
liebe!

*

Die Sache mit der Liebe
ist im Grunde ganz einfach.
Das macht es so schwierig.

*

Mein Mann ist wie ein offenes Buch für mich.
Gut für ihn, dass ich Bücher liebe
und dieses ganz besonders.

Nicht verbiegen

Wer sich im Namen der Liebe
von einem anderen verbiegen lässt,
macht sich letztendlich unglücklich.

*

Je weniger du mich festhältst,
umso mehr zieht es mich zu dir.

*

Je mehr du mich loslässt,
desto mehr halte ich an dir fest.

*

Du bist hier, aber nicht da.
Nicht da für mich.

*

Die Liebe lebt nicht nur von Küssen,
sondern von vielen Kompromissen.

*

Die schlimmste Manipulation
eines anderen Menschen ist, ihn im so
genannten Namen der Liebe zu verbiegen.

*

Wer seine Gefühle ständig unterdrückt,
den werden eines Tages
sie erdrücken.

*

Unerfüllte Liebe bleibt ideal,
sie muss sich niemals
im Alltag beweisen.

Wahre Liebe

Worauf das Licht
der Liebe leuchtet, ist schön.

*

Das Licht, das wir aussenden,
strahlt irgendwann auf uns zurück.

*

Licht ist Liebe und Liebe ist Licht.
Wo sie zu Hause sind,
kann kein Dunkel mehr sein.

*

Liebe ist: Aneinander Halt
finden im Bodenlosen.

*

Wahre Liebe fordert nicht, sie gibt und gibt,
denn sie kann aus sich selbst heraus
gar nicht anders handeln.

*

Was du auch tust,
geschieht es aus Liebe,
verändert es die Welt zum Guten.

*

Liebe ist: Einander berühren,
ohne sich anzufassen.

*

Wahre Liebe verleiht schon den Gedanken
– im wahrsten Sinne des Wortes –
Flügel, die sie befähigen, sich über niedere und
dunkle Triebe zu erheben und zu manifestieren.

Keine Rechnung

Wer der Liebe mit dem Kopf
die Rechnung aufmacht, ist ein Tropf.

*

Um zu erhalten,
muss man geben.

*

Verstand geht meist nicht gut mit Herz.
Des Kopfes reine Nüchternheit
kommt bei der Liebe nicht sehr weit,
und grade das bringt uns den Schmerz.

*

Liebe ist keine Kopfgeburt.

Nächstenliebe

Wie es wirklich mit der Liebe in uns bestellt ist,
das zeigt unser Umgang mit unseren Mitmenschen.

*

Es gibt Menschen,
die lieben ihren Nächsten
nur wie sich selbst.

*

Geäußerte Geduld
ist ein Geschenk der Nächstenliebe.

*

Auch Menschen, die ich sehr liebe,
mag ich manchmal gar nicht.

*

Nächstenliebe
ist nichts anderes als die Liebe,
sie gibt nur an die Richtung,
in der deine Gefühle
gebraucht und erwartet werden.
Lass zuerst deinen Nächsten spüren,
dass du liebst,
dass du voll guter Gefühle bist,
dass du ihn meinst,
wenn du dem Leben
liebevoll gegenübertrittst.

Freiraum

Je mehr Freiraum ich erhalte,
desto weniger brauche ich.

*

Lass meine Hand los,
damit sie nach deiner greifen kann.

*

Zu viel Nähe
sucht irgendwann die Weite.

Liebe ist Kraft

Die Liebe ist die Kraft,
die der unendlichen Intelligenz
den Weg weist, ihr den Sinn gibt,
der sie erst dazu befähigt,
sich in bestmöglicher Hinsicht
auszuschöpfen.

Gefühle und Liebe

Alle Gefühle aber regiert die Liebe.
*
Der schönste Platz der Welt:
BEI DIR!
*
Komplimente sind der Kunstdünger der Liebe.
*
Liebe ist Champagner für die Seele.
*
Bei Gefühlen hilft kein Faktencheck.
*
Gefühle sind faktenresistent.

Verliebtheit

Es gibt sie, die Liebe,
die der Verliebtheit entkommt
und Brücke ist
zwischen Erde und Himmel.
Sie bewahrt das Glück in dieser Welt.
*
Verliebtheit hört meist dann auf,
wenn die Fehler des anderen Menschen sichtbar werden.
Liebe fängt dann erst an.
*
Verliebtheit reicht für Sonntage,
der Alltag braucht Liebe.
*
Lieben heißt,
den anderen in seinem ganzen
unvollkommenen Menschsein
anzunehmen.

*

Jugendlieben sind
partnerschaftliche Übungsschauplätze.
*

Manche Frühlingsgefühle
gehen direkt in den Winter über.
*

Sei nicht der Nachtfrost meiner Frühlingsblüte.
*

Ein Kuss, ich sag es unumwunden,
kann zwei Verliebten köstlich munden.

Potentiale

Das mächtigste Kraftpotential überhaupt
im Leben ist die Liebe.
*

Die Fähigkeit,
die wir an anderen bewundern,
hat immer auch ein Potential in uns selbst.

Ungeliebt

Manchmal fühlt man sich so sehr allein und ungeliebt.
Aber es gibt immer einen, der uns liebt,
ganz gleich, ob wir es verdienen oder nicht.
Er liebt allein um der Liebe willen.
*

Wer wirklich liebt, riskiert es auch,
sich unbeliebt zu machen.

Vertrauen

Vertrauen

Wer vertraut,
erlebt wunderbare Dinge.
*

Je mehr der Mensch scheinbar weiß,
desto weniger vertraut er.
*

Wer nicht einmal in guten Zeiten vertraut,
der kann es erst recht nicht in schlechten.
Aber gerade dann hat er es am nötigsten.
*

In schweren Zeiten
fällt uns das Vertrauen ins Leben schwer.
Dabei brauchen wir es gerade dann am meisten.
*

Verlier nie dein Vertrauen in die Liebe,
denn nie verliert sie ihr Vertrauen in dich!
*

Vertrauen ist, wenn in einer Beziehung
alles aus einem inneren
Selbstverständnis
heraus geschieht.
*

Vertrauen ist die Wolke,
auf die Geduld nicht schwer fällt.
*

Es gibt nur wenige Menschen,
vor denen wir uns „nackt ausziehen" können,
ohne uns nackt zu fühlen.
*

Im tiefsten Dunkel sogar ist Licht,
vertrauen wir darauf,
kann unser Fuß nicht fehlen.

*

Aus der Nächte Dunkelgrau
entsteht der Morgen Himmelblau.
*

Vertrautheit schafft Vertrauen.
*

Gesundes Misstrauen
schützt vor krankhaftem Vertrauen.
*

Nähe schafft Nähe.
*

Wie wenig
eine kleine Kränkung doch
gegen deine Nähe zählt.

Segen

Strecke deine Hand aus
nach deinen Mitmenschen.
Berühre ihre Herzen,
ihren Geist
und ihre Seelen.

Du selbst wirst dies
als Segen erfahren.

Verstehen

Verstehen

Hinterfrage nicht nur, was du nicht verstehst,
sondern auch, was du zu verstehen meinst!
*

Das Hinhören entscheidet über
VERstehen oder verSTEHEN.

*

Ich bin verantwortlich für das,
was ich meine, wenn ich
etwas sage, aber nicht dafür,
was andere zu verstehen meinen.

*

Sag mir, was du vom Leben weißt,
wie deine Art ist, diese Welt zu sehen.
Vielleicht, so hilft es mir,
das Leben und mich selbst,
noch besser zu verstehen!

*

Nicht alles Verstandene
lässt sich erklären oder übersetzen.

Abstand

Ohne Abstand gäbe es
keine Freude des Annäherns.

*

Abstand ist
eine Voraussetzung für Annäherung.

*

Abstand ist eine Voraussetzung
für Verlangen.

II. Von Entscheidungen und Bezie-
hungen

Angst, Einsicht, Entscheidungen, Erfahrungen, Kinder -
Eltern, Erfolg - Misserfolg, Beziehung, Ehe, Begegnung,
Meinung - Kritik

„Nur wer das Unmögliche
für möglich hält,
macht es möglich."

Angst

Aus lauter Angst
das Falsche zu tun,
tun viele Menschen
lieber gar nichts.
Glücklich macht sie das nicht,
nur noch ängstlicher.
*
Angst macht gefügig.
*
Über manche Angst der Nacht
Morgensonne heiter lacht.
*
Viele Menschen scheinen Angst
vor ihren eigenen Gedanken zu haben –
so verbissen sind sie auf Zerstreuung aus.
*
Viele Menschen vermeiden
Gespräche mit sich selbst
aus Angst vor Antworten.
*
Angst und Zweifel binden den Geist.

*
Angst legt sogar an die brillantesten Köpfe
ihre zerstörerische Hand.

Einsicht

Einsicht braucht die innere Bereitschaft,
Seiendes in Frage zu stellen.
Gewohntes, Liebgewordenes
abzulegen, aufzugeben,
um im Neuen Sinn zu finden.
*
Einsicht erlangt man nicht nur
über Versuche und genaues Beobachten,
sondern auch – allerdings seltener –
über intuitives Erkennen und Erfassen,
ja Wissen.
*
Zu Einsicht und Erkenntnis zu gelangen,
ist schwer, noch schwerer aber,
danach zu handeln.
*
Manche Menschen ziehen eine gute Aussicht
einer guten Einsicht vor.
*
Ansicht ist noch lange keine Einsicht.
*
Einsicht ist,
was uns richtig handeln lässt.
*
Ohne zündende Einsicht
ist Erfahrung ein Blindgänger.
*
Viele Ansichten haben wenige Einsichten.
*
Reue blickt zurück – Einsicht nach vorn.

*

Erst wenn ich aus Einsicht und Erkenntnis
heraus handle und sie in Liebe lebe,
sind sie wahrhaftig mein geworden
und ein Teil von mir.

Entscheidungen

Treffen wir unsere Entscheidungen,
oder werden wir von
unseren Entscheidungen getroffen?
*
Richtige Entscheidungen treffen wir
durch richtige Gedanken.
Sind unsere Gedanken voller Liebe,
weil ein liebendes Herz sie durchwirkt,
dann ergibt sich das Richtige von selbst.
*
Ist deine Aufklärung gut,
ist es deine Entscheidung auch.
*
Erwachsen sein bedeutet,
die Reaktionen anderer Menschen
auf unsere Entscheidungen
auszuhalten.
*
Manche Menschen sind gegen etwas,
weil sie es nicht verstehen.
Manche sind dagegen, weil sie es zu gut verstehen.
*
Letztendlich ist jede Aktion auch nur eine Reaktion.
*
Wer sich einer Sache verweigert,
weiß entweder zu wenig darüber oder zu viel.

*

Während die Überschlauen noch
mit dem Analysieren
der Möglichkeiten beschäftigt sind,
treffen die Anderen
die Entscheidungen.

*

Nur der wissende Mensch kann optimal entscheiden.

*

Wer zu viele Entscheidungen anvisiert,
trifft letztendlich keine.

*

Wir können wählen und entscheiden,
wer wir sein wollen,
jeden Tag und jede Stunde.

*

Nicht lügen! –
Nicht immer, aber immer öfter.

*

Zwischen Sollen und Wollen liegt
die Freiheit der Entscheidung.

*

Wer sich nicht entscheidet,
hat sich schon entschieden.

*

Auch zum Nichtentscheiden
muss man sich entscheiden.

*

Mit dem Rücken zur Wand bleibt nur
der Schritt nach vorn.

Erfahrungen

Erfahrung ist das, was uns sagt,
wie wir hätten handeln sollen.

*

Fordern fördert.

*

Vorurteile sind hochgerechnete Erfahrungen.

*

Die meisten Vorurteile stehen auf
den Füßen der Erfahrung.

*

Die meisten Vorurteile sind Nachurteile.

*

Vorurteile hat jeder,
aber sie dürfen niemals herrschen.

Kinder - Eltern

In dem Maße, wie Eltern ihre Kinder achten,
werden Kinder ihre Eltern achten.

*

Eltern, die ihre Kinder in jedem Lebensalter achten,
werden von ihren Kindern in jedem Lebensalter geachtet.

*

Achtsamkeit führt zu Achtung
und erweckt sie.

*

Eltern dürfen von ihren Kindern keinen Respekt verlangen,
wenn sie ihre Kinder nicht respektieren.

*

Bevor ich Respekt erwarten kann,
muss ich respektieren.

*

Eltern können nicht die besten Freunde ihrer Kinder sein –
sie sollen sie erziehen.

*

Kinder lernen von ihren Eltern weniger durch Worte
als durch das, was sie ihnen vorleben.

*

Kinder sehen die Welt bezüglich sich.
Mädchen werden erwachsen –
Jungen bleiben Kinder.
*
Kinder sind nicht dazu da,
die Träume der Eltern zu erfüllen.
*
Kinder brauchen eigene Kinder,
um ihre Eltern zu verstehen.
*
Ihre Eltern verstehen lernen Kinder
durch ihre eigenen Kinder.
*
Kinder verstehen ihre Eltern erst richtig,
wenn sie selbst Kinder haben.
*
Was Kinder und Philosophen gemein haben?
Sie können noch staunen!
*
Nicht nur manche Kinder,
auch manche Projekte sind Spätzünder
und reifen ungerührt dem
richtigen Zeitpunkt entgegen.
*
Alles ist gut, wenn ein Kind
voller Vertrauen sagen kann:
Solange es meine Mutter gibt,
kann mir nichts passieren.
*
Eine liebende Mutter ist der gute Geist,
der ein Haus erst zu einem richtigen Zuhause macht.
*
Als Kind möchte man schnell erwachsen sein
und bleibt doch Kind, solange die Mutter lebt.
Wie viel Trost tatsächlich darin liegt,
begreift man erst, wenn die Mutter nicht mehr ist.

*

Auch das beste Beispiel der Eltern bewirkt nichts,
wenn die Kinder woanderenhin schauen.

Erfolg - Misserfolg

Erfolg - Misserfolg

Die Erfahrungen von gestern und die Ideen von heute
sind die Erfolge von morgen.
*
Wer den Boden bereitet,
wird mit der entsprechenden Ernte belohnt.
*
Wer viel Gutes sät,
dessen Ernte ist groß.
*
Erfolg ist nicht der Gegenwert einer Leistung in Geld.
Erfolg ist ein einziger Mensch, der sich getröstet fühlt,
ein einziger Mensch, der sich verstanden fühlt,
ein Einziger, der seine Fragen beantwortet sieht.

Es genügt ein Einziger, der Hoffnung gewinnt und
Zuversicht, ein Einziger, der die Prinzipien des Lebens
erkennt und ein Einziger, der durch mich zu Gott findet.
Erfolg ist schon ein einziger Mensch.
Solche Erfolge sind unbezahlbar.
*
Erfolg nährt sich von Herzblut und Herzblut ist Liebe.
Darum *liebe*, was tu tust!
*
Bei allem, was wir tun, ist Freude der Schlüssel
zum Erfolg. Und was ist Freude denn anderes
als Liebe zum Leben?
Je tiefer diese Liebe ist, desto glücklicher
fühlen wir uns.

*

Erfolg ist fast unvermeidlich,
wenn Können sich paart mit Glauben,
Vertrauen, Durchhaltevermögen, Mut und Geduld.

*

Erfolg und Ausdauer sind dasselbe.

*

Was ich nur halbherzig tue,
hat auch nur die halbe Aussicht auf Erfolg!

*

Was und wie ich etwas tue, definiert mich –
nicht der Erfolg, den ich damit habe.

*

Nicht jeder Verlust ist ein Verlust.

*

Ein erfolgreiches Leben ist ein Geschenk,
das man sich selbst machen muss.

*

Keine Angst vorm Aufräumen!
Erfolgreiche Arbeit schafft Genugtuung,
und Ordnung bringt Freude.

*

Der erfolgreichste Kopf hat Herz.

*

Der Erfolg heiligt nicht alle Mittel.

*

Die Straße zum Erfolg ist mit Misserfolgen gepflastert.

*

An unseren Erfolgen erfreuen wir uns,
aber an unseren Misserfolgen reifen wir.

*

Wer sich Erfolg erarbeitet hat,
bekommt Neid als Zugabe.

*

Oft trägt des Klugen Neid ein Lobe-Kleid.
Was schlau er so verpackt,
zeigt nur der Dumme nackt.

*
Lobt man dich im Job über den grünen Klee,
schärft man vielleicht schon die Sense.
*
Misserfolg ist ein Ein-Mann-Betrieb.
Erfolg dagegen ein Familienunternehmen mit vielen Vätern,
vielen Kindern und noch mehr Neidern.
*
Misserfolg ist für den Charakter dasselbe
wie Sonne für Äpfel. Er lässt ihn reifen.
*
Jede Niederlage bringt uns weiter.
*
Verluste kann man nicht immer verhindern,
aber man kann sie begrenzen.

Mach's richtig

Wer sich an allem versucht,
wird nirgends Meister sein.
*
Oft lobt der Meister das Werk – selten das Werk den Meister.
*
Soll das Werk den Meister loben,
muss er dafür fleißig proben.
*
Das Angemessene ist Anmaßung in Maßen.
*
Es ist bedeutend wichtiger, bedeutend als wichtig zu sein.
*
Wichtig ist, was und wen wir dazu machen.
*
Zwischen wichtig tun und wichtig sein liegt meist
ein Ozean von Anmaßung.
*
Mache dich nicht größer als du bist,
aber auch nicht kleiner!

*

Wer sich wichtig nimmt, schleppt viel Gewicht.

*

Tu doch jetzt,
was du sonst später bedauerst,
nicht getan zu haben!

*

Was Hänschen nicht lernt, lernt Hans schon noch.
Nur schwerer!

*

Wenn du dich aus der Ruhe bringen lässt,
befindest du dich nicht in deiner Mitte.

*

Was man belohnt, fördert man.

Ein kleiner Trost

Wenn alles schiefgeht, so tröstet ein bisschen,
dass es noch viel schlimmer hätte laufen können.

*

Auch wenn nichts mehr geht,
die Erde dreht sich weiter.

*

Die schlechte Nachricht: Nichts ist sicher.
Die gute Nachricht: Alles ist möglich.

*

Wenn es das geben würde, gäb es das schon.

Harte Arbeit

So wie man eine Arbeit bewertet,
wird der Wert der geleisteten Arbeit sein.

*

Es fällt niemandem etwas in den Schoß –
es sieht nur oft so aus!

*

Nichts fällt mir bedingungslos
von ganz alleine in den Schoß!

Unmöglich

Nur wer das Unmögliche für möglich hält,
macht es möglich.
*
Nichts ist zu unmöglich, um möglich zu sein.
*
Manche Menschen verwechseln schwierig mit unmöglich.

Beziehung

Eine gute Beziehung ist ein sehr elastisches Gummiband.
Sie gibt nach und sie zieht zusammen, wie es nötig ist.
*
Eine glückliche Beziehung ist kein Geschenk, ein Geschenk
dagegen ist der Mensch, mit dem wir eine glückliche
Beziehung führen können.
*
Eine glückliche Beziehung bekommt man nicht geschenkt,
sie ist tagtäglich überwundenes Ich und gelebte Liebe.
*
In einer guten Beziehung muss
man nicht immer einer Meinung sein,
aber immer einer Liebe.
*
In jeder Beziehung gibt es Zeiten,
in denen der eine mehr gibt als der andere.
Aber eine Beziehung verarmt,
wenn einer dauernd nimmt, ohne zu geben.
Wer immer nur nimmt, steht eines Tages
mit leeren Händen da.

*

Was ein Partner in einer Beziehung leistet,
erkennen wir oft erst, wenn er es nicht mehr tut.

*

Beziehungsweise:
Wenn du mich verletzt, bluten wir beide.

*

Ich führe eine wunderbare Beziehung zu dritt:
du und ich und wir.

*

Küsse sind gut für das Immunsystem einer Beziehung.

*

Beziehungsweise:
Manchmal wird aus Einsamkeit Zweier Zweisamkeit,
manchmal aus Zweisamkeit Einsamkeit
und manchmal in der Zweisamkeit zweimal Einsamkeit.

*

Es heißt,
es käme nicht auf die Dauer einer Beziehung an,
sondern auf ihre Intensität.
Trennen sich deshalb so viele Paare
nach kurzer Dauer, weil ihre Beziehung
zu intensiv war?!

*

Wenn's der Ansicht
vor lauter Eigensicht an Einsicht fehlt,
sich oftmals die Beziehung quält.

Ehe

Eine gute Ehe

Immer sind zwei
Menschen gleichzeitig
Ich und Du und Wir.

*

Eine gute Ehe besteht nicht
aus siamesischen Zwillingen.

*

Eigentlich stehen Ehen unter keinem guten Stern.
Sie werden schon am Anfang geschlossen.

Eine glückliche Ehe

Eine glückliche Ehe beweist,
dass die Quadratur des Kreises doch möglich ist.

*

Eine glückliche Ehe
lebt von der Freude aneinander.

Liebevolle Absicht

Gibst du dich oder von dir in liebevoller Absicht,
so erhältst du sie zurück, vieltausendmal und mehr.

Liebevolle Augen

Schaue auf alles zuerst und
grundsätzlich mit liebevollen Augen,
und du erhältst liebevolle Augen zurück.

Liebevolle Handlung

Mit jeder liebevollen Handlung
für einen anderen steigst du selbst
auf deiner Lebensleiter
eine Stufe höher.

Geben

Nur das gern Gegebene segnet auch den Gebenden.
*
Nur das, was ich gebe, das bleibt mein für immer.
*
Nur was ich besitze, kann ich auch geben.
*
Indem ich gebe, empfange ich.
*
Was ich gebe, nehme ich ein.
*
Willst du Liebe?
Dann gib sie!

Ehegelöbnis

Das wahre eheliche Gelöbnis ist nie öffentlich.
Es ist nicht einmal das Gelöbnis,
das zwei Menschen sich gegenseitig machen,
sondern es ist das Gelöbnis,
das jeder beteiligte Mensch in sich selber ablegt,
für sich und vor Gott aus seiner tiefsten Seele.

Ehebruch

So wie eine Ehe
nicht durch einen Akt
geschlossen wird,
so wird sie durch ihn
auch nicht gebrochen.

Bevor man die Ehe durch Taten bricht,
bricht man sie schon im Herzen.

Begegnung

Begegnungen

Was in der Astrophysik der Ereignishorizont,
ist im täglichen Leben der Begegnungshorizont.
In beiden Fällen sind wir teilweise blind.
*
Wem wir begegnen, sagt viel darüber aus, wer wir sind.
Was uns begegnet, sagt viel darüber aus, was wir sind.
*
In allem, was uns das Leben beschert,
sei es gut oder schlecht,
begegnen wir immer nur uns selbst.
*
Wenn wir dem eigenen,
wissenden Auge offen begegnen können,
dann können wir es umso mehr dem fremden,
nicht wissenden oder vermutenden.
*
Alle Begegnungen sind letzten Endes
nur Erfahrungen mit uns selbst.
*
Der Mensch begegnet sich nicht gern selbst.
*
Begegne ich dir, begegne ich mir.
*
Man ist nicht anders, nur weil man woanders ist.
*
In jedem Du begegnen wir dem Ich, denn jede Begegnung
mit einem anderen ist eine Begegnung mit uns selbst.
*
Er hatte zeitlebens die Begegnung mit sich selbst vermieden.
Als er starb, kannte er sich nur flüchtig.
*
Kollateralschäden sind Begegnungen der dritten Art.

*

Wer mit wachsweichen Flügeln hoch hinaus will,
könnte bald Ikarus begegnen.

*

Keine Begegnung ist zufällig –
sie hat immer ein Ziel.

*

Wo ich auch hingehe –
immer nehme ich meinen
eigenen Himmel oder meine eigene Hölle mit.

*

Manche Begegnungen gehen gegen den Strich.

Bereit für andere

Liebe dich selbst mit allem, was du bist,
ob gut oder schlecht,
denn dann erst bist du bereit,
andere zu lieben
– wirklich zu lieben –
mit allen Einschränkungen,
die sie haben mögen!

*

Das, was du bist, bist du gewesen,
das, was du sein wirst, lebst du jetzt.

Meinung - Kritik

Meinung

Meinungsfreiheit bedeutet,
sich auch das anhören zu müssen,
was nicht der eigenen Meinung entspricht.

*

Die Meinungen anderer sind wichtig,
um seine eigenen zu überprüfen.

*

Um eine andere Meinung zu akzeptieren,
müsste der Mensch zuerst sich selbst widersprechen.
Aber wer widerspricht sich schon gern selbst?

*

Bei wirklicher Meinungsfreiheit
liegt die Grenze des Sagbaren
hinter dem Horizont.

*

Wann lebt man in einer Diktatur?
Wenn die veröffentlichte Meinung nicht
die öffentliche Meinung ist.

*

Es gibt keine Diktatur ohne Gehorsam.

*

Wahrsagerei:
in Diktaturen verpönt,
tabu bis lebensgefährlich.

*

Totalitäre Staaten brauchen
viele Erfüllungsgehilfen.

*

Früher gab es das Reinheitsgebot des Bieres,
heute sind wir beim Reinheitsgebot der Meinung.

*

Fremde Meinungen sind äußerst bereichernd –
wenn es die richtigen sind.

*

Informieren Sie sich
oder sitzen Sie nur in der ersten Reihe?

*

Komisch,
dass es in einem Land mit Meinungsfreiheit
„Meinungsverbrechen" geben kann.

*

In einem Land mit Meinungsfreiheit
kann es keine Meinungsverbrechen geben.

*

Man sollte die Meinung der Welt
nicht so wichtig nehmen,
aber die Welt wichtiger als sich selbst.

*

Warum es so viele Meinungen gibt?
Es heißt schließlich Stand-Punkt
und nicht Stand-Raum.

*

Meinung: Keine ist eine.

Kritik

Wer Kritik übt, muss sich irgendwann selbst
Kritik gefallen lassen.

*

Hate-speach nennt man heute,
was früher einfach Kritik hieß.

*

Ist ein Querdenker schon abgedreht
oder nur abgewichen?

*

Beleidigungen zündeln.

III. Von Dichtung, Leben, Miteinander

Aphorismus, Schreiben - Worte, Hindernisse, Gelassen-heit, Bequemlichkeit, Gleichgültigkeit, Leben, Miteinander, Versprechen, Zufall, Licht und Schatten, Reue, Schweigen und Reden, Stille, Einsamkeit, Anerkennung, Zweifel, Hoffnung, Hochmut, Ironie, Unschuld, Nachtragend

„Nur aus dem Schweigen kommen die grossen Gedanken."

Aphorismus

Alles über den Aphorismus

Was einen Spruch vom Aphorismus unterscheidet?
Der Spruch ist sinnlicher.
*
Aphorismen kleiden sich gern intellektuell –
ihr Ansprechpartner ist der Verstand.
Ein Spruch ist meist sinnlicher – er spricht zum
Gefühl und erreicht das Herz.
*
Aphoristiker sein heißt, das Leben auf seinen
eigenen Punkt zu bringen.
*
Ein Aphoristiker ist der Minimalist unter den Romanschreibern.
*
Das Reinheitsgebot des Gedanken
erfüllt am ehesten der Aphorismus.
*
Aphorismen: Die Kunst, fast nichts zu sagen,
ohne nichtssagend zu sein.
*
Aphorismen sind Spitzfindigkeiten des Lebens.

*

Was nichtssagend scheint,
kann vielsagend sein.

*

Ein Aphoristiker beguckt die Welt mit spitzen Fingern.

*

Aphorismen sind Geist in Häppchen.
Bei möglichen Nachwirkungen fragen Sie nicht
Ihren Arzt oder Apotheker, sondern sich selbst.

*

Die meisten Aphorismen sind raffiniert formulierte
Belanglosigkeiten.

*

Ein Aphorismus bündelt die Wahrheit in wenigen Worten,
ein Buch verteilt sie auf Hunderte von Seiten.

*

Aphorismen sind kleine Sätze mit großer Aussage.

*

Aphorismen machen nicht viel Worte, sind aber vielsagend.

*

Aphorismen sind mehr Frage als Antwort.

*

Ein Aphorismus ist der Tropfen, der im Leser zum Fluss wird.

*

Ein Aphorismus ist das Hologramm *einer* Wirklichkeit.

*

Ein guter Aphorismus besinnt sich auf das Leben.

*

Ein Aphorismus bündelt das Leben in einem Taschenspiegel.

*

Ein spitzfindiger Aphorismus gleicht einem Mückenstich –
er juckt, man kratzt und vergisst ihn.

*

Ein Aphorismus darf vieles sein – nur nicht arrogant.

*

Nirgends fließt so viel Persönlichkeit hinein wie
in einen Aphorismus.

*

Ein Aphorismus gibt nur die Umrisse vor,
ausmalen musst du selber.

*

Aphorismen sind im Idealfall kleine Stolpersteine.
Sie bringen nicht direkt zu Fall,
aber schärfen die Achtsamkeit.

*

Ein Aphorismus hört auf gut zu sein, wenn er zu
reiner Sprachakrobatik verkommt.

*

Der regelkonforme Aphorismus sieht Weisheit
nicht nur kritisch, sondern schon anstößig.

*

Der Aphorismus hat viel mit der Zeitungsschlagzeile gemein.
Beide spießen hauptsächlich das Negative auf.

*

Das Banale als Mittel des Aphorismus zur Überhöhung.

*

Der Aphorismus ist der verbale Ausdruck
der reinen Gedankenform.

*

Aphorismus: Ein kleiner Satz, der Bände spricht.

*

Aphorismus? Manchmal darf es etwas mehr sein.

*

Ein Aquarismus ist die glückliche Ehe
eines Aquarells mit einem Aphorismus.

*

Aphorismus und Weisheit. Geht das?

*

Aphorismen scheuen die Weisheit
wie der Teufel das Weihwasser.

*

Ein Aphoristiker lebt in Sprüchen.

*

Ein Aphoristiker läuft Gefahr, nur noch in Kürzeln
durch das Leben zu gehen.

*

Ein Aphoristiker läuft Kurzlebensgefahr.

*

Ein Aphoristiker ist ein Flegel,
der alles drischt –
nur keine Phrasen.

*

Wenn ich sehr hochgestimmt bin,
schreibe ich Euphorismen,
bin ich über etwas entsetzt,
werden es auch schon mal Dysphorismen.
In der Regel bleibt es aber
ganz ausgewogen bei Aphorismen.

*

Gute Aphorismen schreibt man,
indem man sie schreibt.

*

Aphorismen liebe ich sinnlich.

*

Das Aphorismus-Fieber wird übertragen
von einem Virus der Gattung Kreativität
und trifft ausschließlich denkende Menschen.
Es verläuft in Schüben und ist unheilbar,
wenn auch nicht tödlich.
Man stirbt nicht an, aber mit ihm.

*

Der Aphorismus ist tot –
es lebe der Aphorismus!

Konfekt

Aphorismen und Konfekt sind
kunstvolle Kleinigkeiten.
Während das eine im Munde zergeht,
bleiben die anderen oft im Halse stecken.

Schreiben - Worte

Schreiben

Zu lange Verse gleichen tropfenden Wasserhähnen.
Beiden fehlt die richtige Dichtung.
*
Was uns am meisten beeindruckt, können wir
am wenigsten ausdrücken.
*
Was nicht von sich aus brennend
geschrieben werden wollte,
dem fehlt das innere Feuer, um es
in anderen zu entzünden.
*
Willst du wissen, was anderen wichtig ist, lies,
was sie schreiben, und höre, was sie sagen.
*
Es ist wohl so, indem wir schreiben, geben wir uns preis.
*
Was nützt dem Schreiber Schliff und Stil,
wenn er nichts zu sagen hat?
*
Ein guter Redner macht mit seinem Ausdruck Eindruck.
*
Glücklich der Mensch, der Schönes nur schreibt,
denn das ist genau, was später ihm bleibt.

Nur Worte?

An jedem Tag, an jedem Orte
verständigt sich der Mensch durch Worte.
Sind rhythmisch und voll Schönheit sie,
erwachsen sie zu Poesie!

*

Worte sind nicht einfach nur Worte.
Sie sind, im richtigen Zusammenhang
und der richtigen Motivation geschrieben,
besondere Energieträger.
Sie tragen dann in sich
die Urbedeutung des Lebens.

*

Um das Wort gut zu führen,
muss man wissen wohin.

*

Das beharrlich gesprochene leise Wort
wird auch im Lauten gehört.

*

Das leise, aber beharrlich gesprochene Wort
wird letztendlich doch
gehört.

*

Könnten Worte singen und tanzen,
würde ein Gedicht entstehen.

*

Bedenke, wenn du sprichst:
Nicht zu verbergen vermag das Wort den Geist!

*

Worte sind billiger als Taten.

*

Worte sind nicht immer billig.
Manche kosten viel Überwindung und
kommen teuer zu stehen.

*

Worte sind nur so glaubhaft wie die Taten,
die sie begleiten.

*

Der reine Gedanke ist vollkommenes Begreifen.
Bei der Übertragung in Worte gehen Reinheit
und Vollkommenheit verloren.

*

Worte können spitze Dolche,
aber auch streichelnde Hände sein.

*

Geschliff'nes Wort ist Leben nie,
wohnt nicht darin die Poesie.

*

Der Literat verliert nur wenige Worte über Glück,
aber findet unendlich viele über Unglück. Warum?
Unglück ist ergiebiger als Glück.

*

Die Wahrheit braucht wenige Worte,
die Lüge viele.

*

Offene Worte sind natürliche Feinde eines
geschlossenen Systems.

*

In einen geschlossenen Geist passen keine offenen Worte.

*

Gerade offene Worte nimmt man krumm.

*

In manchen Worten liegt mehr Sinn,
als wir in sie hineingelegt haben.

*

Die klaren, verständlichen Worte kommen
aus dem sehenden Geist.

*

Ich fühle mich in Worten wohl. Wenn ich nicht
mit ihnen spreche, sprechen sie mit mir.

*

Eigentlich ist alles schon gesagt, nur nicht von jedem.

*

Wenn eigentlich alles schon gesagt ist, wozu
braucht es dann noch Worte?

*

Wer redet, ist taub für die Worte anderer.

*

Dafür, dass eigentlich alles schon gesagt ist,
werden noch viele Worte gemacht.

*

Für das, was uns am meisten beeindruckt,
haben wir die wenigsten Worte.

*

So und nicht anders? Als ob Worte nicht ihre eigene
Dynamik hätten und auf Literaturgattung und Regeln
buchstäblich pfeifen würden.

*

Auch die ungewöhnlichsten Sätze bestehen aus
gewöhnlichen Wörtern.

*

Ich liebe es, neue Wörter zu erfinden. Manche
Geisteskranke tun das aber auch. Macht mich
das jetzt verdächtig?

*

Literatur ist mehr als die Summe von Wörtern.

*

Viele Worte machen noch lange keine Aussage.

*

Bilder erreichen die Menschen direkter als Worte.
Deshalb haben erzieherische Worte
nur die halbe Wirkung des Vorbilds.

*

Ein gutes Gedicht ist nichts anderes
als ein rhythmischer Tanz sinnvoller Worte.

*

Worte:
Sind rhythmisch und voll Schönheit sie,
erwachsen sie zu Poesie.

*

Es bedarf der Wörter, um Worte zu schaffen.

*

Vom Wort zur (Un)Tat ist nur ein kleiner Schritt.

*

Das geschriebene Wort:
Was nicht direkt autobiographisch ist,
ist es indirekt.

*

Wann ist ein Sinnspruch gelungen?
Wenn die unangenehme Wahrheit darin uns
trotzdem ein anerkennendes Nicken entlockt.

*

Im Gegensatz zum Sinnspruch sind Wortspielereien
für Geist und Seele, was Bonbons für den Körper sind:
kurzer Genuss ohne wirklichen Nährwert.

*

Wortspielereien sind wie Bonbons –
kurzer Genuss ohne wirklichen Nährwert.

*

Es gibt Sätze, die banal sind, und solche,
die nur so aussehen.

*

Wie geschliffen auch die Sprache – erst der Sinn
macht kleine Sätze groß.

*

Erst der Sinn macht kleine Sätze groß.

*

Sinn macht kleinen Sätzen lange Beine.

*

Weisheit macht kleinen Sätzen lange Beine.

*

Die Begrenzung des Sagbaren
öffnet das Undenkbare.

*

Das geschriebene Wort:
Und wirkte nicht das Herz dabei,
es könnt am Herzen
nichts bewirken.

*

Schöne Worte
ohne nachfolgende Taten
sind wie das Hochglanzfoto
eines guten Essens.
Es macht zwar Appetit,
aber nicht satt.

*

1-2-3...1-2-3...
Ein Silben zählender Dichter
ist wie ein Schritte zählender Tänzer.

Literarisch

Wer seine literarischen Werke ungefragt erklärt,
unterschätzt die Fähigkeiten seiner Leser ebenso,
wie er seine eigenen als Autor überschätzt.

*

Sprache ist zwar lebendig, aber kein Baum.
Aufpfropfen veredelt SIE nicht.

*

Sage mir, was du schreibst,
und ich sage dir,
was du denkst.

Bücher

Es ist die Idee, die ganze Bücher füllt.

*

Aus dem Kopf geborene Bücher
sind ausgelagerte Elfenbeintürme.

*

Bücher sind Geistreiche und Leser ihre Könige.

*

Bücher über glückliche Menschen sind dünn, sehr dünn.

*

Je dicker ein Buch, desto unglücklicher die Menschen darin.
Bücher über glückliche Menschen sind dünn, sehr dünn.

*

Sie wissen nicht, wie man ein gutes Buch erkennt?
Lesen Sie ein schlechtes!

Hindernisse

Hindernisse

Nur der Geist erreicht Großes,
der im Kleinen beginnt und nicht aufgibt,
wenn sich Hindernisse zeigen wie ein Turm,
der nicht zu überwinden scheint.

*

Das Leben ist ein Hindernislauf – und an jedem
Hindernis formiert das Feld sich neu.

*

In jeder Lebenskrise liegen Verlust und Neubeginn.

*

Was auf den ersten Blick scheint ein Hindernis,
wird oft auf den zweiten zur hilfreichen Stufe.

*

Wenn sich dir alles auf deinem Weg fügt,
hast du das größte Hindernis beseitigt:
DICH!

*

Wir konzentrieren uns oft so sehr auf große Hindernisse,
dass uns die kleinen zu Fall bringen.

*

Wo Verstand Hindernisse baut, ebnet Liebe Wege.

*

Das größte Hindernis
in unserem Leben
sind wir selbst.

Stolpern

Wenn wir etwas nicht sehen wollen,
lässt uns das Leben darüber stolpern.
*
Oft gehen wir so aufmerksam
großen Hindernissen aus dem Weg,
dass wir schließlich über ein kleines stolpern.

Missverständnis

Am Anfang war das Wort,
der Anfang aller Missverständnisse.
*
Wo wir der direkten Gedankenübertragung misstrauen,
sind Worte der Anfang aller Missverständnisse.
*
Worte sind der Anfang aller Missverständnisse.

Gelassenheit

Gelassenheit ist eine Gabe,
die es dem Menschen ermöglicht,
sein inneres Gleichgewicht zu halten.
*
Gelassenheit bedeutet,
dem Leben nicht lieblos,
sondern mit liebevoller, friedvoller
Indifferenz gegenüberzutreten.
*
Wer Gelassenheit sein Eigen nennt,
kann mit allem fertig werden.

*

Gelassenheit heißt, das Leben zu nehmen,
wiu uu kummt. Hulturu Culoooonholt
tut das mit einem Lächeln.

*

Sei gelassen wie das Herz einer Waage.
Es steht fest, ganz gleich,
wie sie sich neigt.

*

Die wahre Gelassenheit
sieht und erkennt,
aber wertet nicht.
Wer sie sein Eigen nennt,
kann wertvolle, kostbare Lebensenergie
wichtigen Dingen zuwenden
und wird sie nicht
vergeuden.

*

Das raue Meer der Gefühle deines Nachbarn
besänftigst du mit deiner Gelassenheit nicht.

Bequemlichkeit

Wer seine Augen aus Bequemlichkeit verschließt,
dem werden sie eines Tages übergehen.

*

Die meisten Opfergaben landen
auf dem Altar der Bequemlichkeit.

*

Echte Kümmerer sind unhöflich und lästig.
Sie treten der Bequemlichkeit dauernd auf die Füße.

*

Wie leicht etwas fällt, wenn man nicht muss.

Gleichgültigkeit

Gleichgültigkeit ist niemals gleich gültig,
sie hat immer eine emotionale Färbung
von liebevoll bis lieblos.

Leben

Gesetz des Lebens

Das Gesetz des Lebens lässt
nichts und niemanden aus.
*
Immer muss das innere Gesetz
– das Gewissen –
Vorrang haben vor dem äußeren.
*
Im Grunde ist das Leben
ein riesiges Kreuzworträtsel –
alles hängt mit allem
kreuz und quer zusammen.

Pole des Lebens

Spannung und Entspannung –
diese beiden Pole bestimmen das Leben!
*
Spannung und Entspannung,
diese beiden Pole bestimmen das Leben.
Sie erst ermöglichen den stetigen Fluss
und Austausch aller Energien im Leben,
sei es im Kleinen wie im Großen.
Mikro- und Makrokosmos, wie oben so unten,
wie im Himmel so auch auf Erden.

Strom des Lebens

Auf dem Strom des Lebens schwimmt jeder.
*

Ein Mensch, der zu sehr eingespannt ist, um seine materiellen
Wünsche zu befriedigen, macht sich unfrei. Er lässt sich von
dem Strom des Lebens mitreißen, anstatt ihn zu beherrschen
und überlegt und überlegen zu benutzen.
*

Das Leben ist wie ein Strom,
von dem man sich mitreißen lassen kann,
dem man sich widersetzen kann
oder den man ganz gezielt nutzen kann,
damit er einen dahin bringt, wo man hin möchte.
*

Wer mit dem Strom schwimmt, kann sich durch
seinen eigenen Schwimmstil abheben.
*

Man muss nicht gegen den Strom schwimmen,
um die Quelle zu erreichen.
*

Gegen den Lebensstrom schwimmen?
Bestenfalls kommt man dort an,
wo man hergekommen ist.
*

Selbstmord ist Schwimmen gegen den Lebensstrom.
*

Erstaunlich, wie viele Menschen
so tapfer blind mit dem Strom schwimmen!
*

Jede Lebensreise ist mehr oder weniger eine Fahrt ins Blaue.

Geheimnis des Lebens

Die Vernunft baut Berge, die das Herz einfach überspringt.

*

Das Geheimnis des Lebens ist wie eine Zwiebel.
Man muss viele Schichten lösen,
ehe man zum „Kern" vordringt!

*

Was bringt dir Mensch dein ganzes Streben,
wenn du dabei vergisst zu leben?!

*

Was ich über andere sage,
sagt immer auch viel über mich.

*

Es kommt nicht so sehr darauf an,
was andere von uns,
sondern was wir selber von uns halten.

*

Keine Situation ist ausweglos,
die von gutem Willen begleitet wird.

Sinn des Lebens

Gib deinem Leben nicht nur Sinn,
sondern diesem Sinn auch Leben.

*

Du musst nicht wissen, welchen SINN dein Leben hat.
Du musst nur wissen, DASS es einen hat.

*

Es ist der Sinn, der das Kleine erhöht.

*

Das Kleine, aber Sinnvolle ist groß.

*

Es ist besser,
seinem Leben einen falschen Sinn zu geben
als gar keinen.

*

Der Sieg über sich selbst macht Siege
über andere sinnlos.

*

Der größte erreichbare Sieg ist der über sich selbst.

*

Sie zogen aus, den Sinn zu suchen, und
brachten Unsinn heim.

*

Dass du erhalten kannst dein Leben,
muss anderes sich opfernd geben.

Verstehe dein Leben

DU spielst die Hauptrolle in deinem Lebensstück,
und es liegt an DIR,
ob du ein durchschlagender Erfolg
oder letztlich eine Fehlbesetzung bist.

*

Alles im Leben erzählt uns von uns selbst.

*

Alles im Leben bleibt flach,
wenn wir seine Tiefe nicht suchen.

*

Leben bedeutet Bereicherung und Wachstum und
Entwicklung auf der Grundlage der Verschiedenheit.
Sie ist eine Voraussetzung des Lebens.

*

Geh'n MIT dem Leben, nicht DAGEGEN,
das ist allzeit der wahre Segen!

*

MIT dem Leben und nicht DAGEGEN zu gehen,
bedeutet nicht,
mit dem Strom zu schwimmen.

*

Lass dich nicht aufregen, lass dich anregen!

*

Das Schlimmste, was wir uns antun können,
ist, uns selbst aufzugeben.

*

Wer das Leben zu verstehen sucht,
versteht irgendwann sogar sich selbst.

*

Ist zu leben nicht schon Grund genug,
dankbar und glücklich zu sein?

*

Glaubst du denn,
das Leben würde dir eine Aufgabe anbieten,
wenn es dich nicht für geeignet hielte?

*

Lebenszeit ist so kostbar,
dass der Muße ein gutes Stück von ihr gehören sollte.

*

Mancher muss sich erst am Leben erschöpfen,
ehe er erkennt, dass all das,
wonach er gesucht hat,
in ihm selbst ist.

*

Wir haben unser Leben
selbst in der Hand
durch ein hohes Gut –
den freien Willen!

*

Schwangerschaften „passieren" nicht.

Gestalte dein Leben

Da wir endlich leben, sollten wir endlich leben!

*

Wir erleben nicht unser Leben,
wir gestalten es selbst.

*

Sei du selbst –
ein Original ist besser
als jede Kopie.

*
Jeder ist ein Original,
aber originell ist,
wer das auch zeigt.
*
Das Leben ist gleichzeitig
Legislative, Exekutive und Judikative.
*
Das Leben liebt dich,
wenn du es liebst.
*
Unser Herzenslicht
macht die wahre Schönheit der Welt sichtbar.
*
Das Leben schenkt sich dem, der es annimmt.

Leben in der Balance

Stehe mit beiden Beinen fest auf der Erde,
erhebe deinen Geist in den Himmel
und habe in der Mitte
dein Herz.
*
Willst leben du in der Balance,
gib Geist und Körper gleiche Chance!
*
Wenn uns der Körper ausbremst,
hat unser Geist Vorfahrt.
*
Der größte Teil unseres Seins ist unbewusst.

Lektionen

Muss jeder selbst wissen,
womit er sich das Leben schwermacht.

*

Das echte Leben schlägt jedes Drehbuch.

*

Immer wieder scheinen wir im Leben
vor ein und derselben Tür zu stehen
und merken gar nicht, dass es
immer wieder neue Türen sind.

*

Anstatt Lebensenergie zum Jammern
und Klagen zu verbrauchen,
sollte man sich damit lieber Grund zur Freude schaffen.

*

Wir lernen durch alles im Leben,
durch Freud und durch Leid.

Das Leid scheint aber manchmal
die Schnellstraße des Lernens zu sein,
die Autobahn des Begreifens
von uns selbst und unseren
Lebenslektionen.

Leben

Jeder Mensch ist ein Werkstück des Lebens.
Wir selbst bearbeiten es und entscheiden,
welchen unserer Eigenschaften
und Talente wir Vorrang geben.

Unsere Talente und Eigenschaften wachsen,
wenn wir sie mit unseren Gedanken und Taten nähren.
Aber sie müssen verkümmern,
wenn wir uns nicht um sie kümmern,
wenn sie von uns keine Nahrung
und Zuwendung erhalten.

*

Keines deiner Leben ist so wichtig wie das jetzige.

*

Nichts sollst du sein anders als Beispiel
und Werkzeug des Lebens in stiller, ergebener Demut
und in der dankbaren Freude des reinen Herzens
als Wegbereiter und Quell der ewigen Liebe.

*

Lebe bewusst die Freude –
sie macht dein Leben froh und leicht.

*

In unserem Innersten gibt es eine Quelle.
Wer sie einmal gefunden hat, der kann
und will nicht mehr ohne sie sein.
Denn diese Quelle ist das Leben selbst,
ist Vater und Mutter und Himmel und Erde –
ist Brot und Wasser des Lebens.

*

Was du vom Leben erkennst,
formt dein inneres Gesicht,
und dieses innere Gesicht
wiederum formt dein äußeres.
Wie möchtest du aussehen?

*

Wer sich aufs Leben einlässt,
kann groß rauskommen.

*

Das Leben ist ein Spiegel
Wo Liebe hineinschaut, schaut Liebe zurück.

*

Das ganze Leben besteht aus Ebbe und Flut.

*

Leben bedeutet immer Fluss aller Möglichkeiten –
im rechten Maß.

*

Was wir wissen und dann nicht leben, kehrt sich gegen uns.

*

Wenn das Leben gut zu dir ist, warst du gut zum Leben.

*

Das Leben ist eine Bank – es zahlt aus,
was wir einzahlen.

*

Das Leben ähnelt dem Glücksspiel,
der Einsatz bestimmt den Gewinn.

*

Dem Leben muss man spielend in seine Karten schauen.

*

Ein ertragreiches Leben
wird durch zu viel Stress unerträglich.

*

Stress ist, wenn man sich selbst im Nacken sitzt.

*

Im Leben ist nicht nur von Bedeutung,
was man IST, sondern auch, was man NICHT ist.

*

Leben ist, was wir fühlen, bevor wir denken –
dass wir denken.

*

Das Leben ist wie ein Fußballspiel.
Man soll es nicht vor dem Abpfiff loben.

*

Die wichtigste Universität überhaupt ist das Leben selbst.
Jeder besitzt dafür die Zugangsberechtigung, aber
nicht jeder macht einen guten Abschluss.

*

Mängelbeseitigung erledigt das Leben, indem es uns
kurzerhand durch die Mangel dreht.

*

Jedes Teil des Lebens ist das Ganze.

*

Leben ist alt und viel älter als wir, die wir viel
älter sind, als wir denken.

*

Wir sterben, wie wir leben.

*
Das Leben ist das Leben.
Ob wir es als unfair und ungerecht empfinden
oder beglückend und schön,
ist unsere Entscheidung.
*
In jedem Tal nimmt das Leben nur Anlauf nach oben.
*
Immer wenn du gut zu dir selbst bist,
säst du kleine Samenkörner
der Lebensfreude.
*
Alles wirklich Wichtige im Leben muss man
ganz allein durchstehen.
*
Wenn das Leben dir anders erscheint,
hat sich nicht das Leben verändert,
sondern du.
*
In der Ruhe wurzelt das Leben.
*
Ruhe: das moderne Luxusgut.
*
Das Leben ist ein Instrument,
und wie ich mein Instrument stimme,
so klingt es.
*
Man kann nicht immer auf Wolke Sieben leben,
aber auf Sechseinhalb schon.
*
Bei der Lebensreise geben sich manche mit der Hinfahrt
zufrieden, während andere auf Hin- und Rückfahrt bestehen.
*
Recht auf Leben haben nicht nur Ungeborene!
*
Nicht das Leben formt DICH, sondern DU das Leben.

*

Das Leben ist ungerecht – scheinbar.

*

Falten im Gesicht sind Reisebeschreibungen
unseres Lebens. Lachfältchen erzählen,
wie viel Spaß uns diese Reise gemacht hat.

*

Gewiss ist, dass wir für jedes Vergehen am Leben
bezahlen müssen. Ungewiss ist nur, wann, wo und wie.

*

Jeder wirkliche Dichter durchdringt – oder berührt
zumindest – den ätherischen Vorhang zwischen den
sichtbaren und unsichtbaren Bereichen des Lebens.

*

Hat man mehr oder weniger vom Leben,
wenn man kurzweilig langfristet?

*

Ein glückliches Leben ruht auf
vielen kleinen Glücksmomenten.

*

Jeder glückliche Augenblick
bedeutet eine kleine Blume
im bunten Strauß des Lebens.

*

Hat das Leben dir ein Bein gestellt, dann schau
genau hin. Vielleicht liegt etwas vor deiner Nase,
über das du sonst achtlos hinweggegangen wärst.

*

Um zufrieden zu sein, muss man seine Augen nicht
verschließen vor den Widrigkeiten des Lebens, sondern
sie im Gegenteil öffnen für das Gute, das in ALLEM
enthalten ist.

*

In vollen Zügen kann man das Leben
keinesfalls genießen.

*

Gefüllte Tage sind noch lange kein erfülltes Leben.

*

Wir schätzen unser gewohntes Leben am meisten,
wenn es uns zu entgleiten droht.

*

Wie kann ich meinem Schöpfer besser danken
als mit meiner Freude am Leben?

*

Jedes Stück in deinem Besitz nimmt dir ein Leben lang
ein Stück deiner Zeit.

*

Das Leben ist eine Gleichung:
Was es an einer Stelle gibt,
nimmt es an anderer.

*

Um zu empfangen, sei großzügig!

*

Unser Gesicht zeigt, wie es in uns aussieht
und was wir ansehen.

*

Wie wir aussehen zeigt, was wir ansehen.

*

Ein Leben ist wie eine Landschaft.
Überblicken wir sie,
sehen wir neben fruchtbarem Grün
und blühenden Wiesen auch
Brachliegendes und Abgestorbenes.
Aber dazwischen immer wieder
neues Keimen, neues Sprießen.

*

Wie gefestigt wir wirklich sind, zeigt sich,
wenn das Leben versucht, uns weichzuklopfen.

*

Das Leben ist ein Malbuch.
Es gibt dir nur die Vorlage – ausmalen musst du selber.

*

Das Leben gibt dir nur die Vorlage –
ausmalen musst du selber.

*

Glücklich gehe ich meinen Weg –
ich umarme das Leben.

*

An jedem Tag unseres Lebens säen wir.
An jedem Tag unseres Lebens ernten wir.

*

Wer zu viel zurückschaut, verpasst das jetzige Leben.

*

Wer zu viel zurückschaut, übersieht, was vor ihm liegt.

*

Das größte Abenteuer des Lebens ist das Leben selbst.

*

Der Wert eines Lebens korrespondiert immer
mit dem Grad der ihm innewohnenden
Zufriedenheit.

*

Leben ist Ansichtssache.

*

Leben ist tödlich.

Gutes Essen

Gutes Essen macht andächtig.

*

Ein gutes Essen versöhnt mit der ganzen Welt.

*

Nach einem guten Essen ist man geneigt,
der ganzen Welt zu vergeben.

*

Charity-Essen heißt,
mit eigenem Genießen den Hunger
anderer zu stillen.

*

Wer dauernd auf die Teller anderer schielt, dem
wird sein eigenes Essen kalt.

*

Es bleibt die Lebenssuppe schal,
würzt du sie immer nur verbal.

*

Der Genuss von Bohnensuppe könnte nach hinten losgehen.

*

Wer sich aus der Küche heraushält,
muss essen, was aufgetragen wird.

*

Der Deutsche ist gerne gut, noch lieber aber ist er besser.

Philosophisch

Descartes sagt:
Ich denke, also bin ich.
Ich sage:
Ich bin, was ich denke.

*

Was ich denke, bin ich.

*

Ich schreibe, also bin ich –
denke ich.

Kurze Rast

In allem, was uns das Leben beschert,
sind wir auf der Suche nach uns selbst.
Und wenn wir glauben,
uns gefunden zu haben,
zeigt uns das Leben, dass wir nur
eine kurze Rast gemacht haben.

Miteinander

Individuum

Es kommt kein Individuum
um die Gemeinschaft je herum.
*
Je braver der Bürger, desto übergriffiger der Staat.
*
Das Bundesverfassungsgericht soll den Bürger
vor der Übergriffigkeit der Regierung schützen.
Was aber, wenn dieses Gericht
die Regierung vor der Verfassung schützt?
*
Als man die Menschen in Ketten legte,
freuten sie sich,
dass diese aus Leichtmetall waren.
*
Maskenzwang oder kein Maskenzwang:
Die Masken fallen – so oder so.
*
Der allgegenwärtige Kampf gegen rechts
– also alles, was recht ist –
verwirrt mich als brave Bürgerin schon sehr.

Miteinander

Nur im Miteinander der Menschen entwickelt sich
das Gefühl für einander, das Verstehen, die Geduld,
die Opferbereitschaft, die Freude und das Lachen.
*
Wir haben es jeden Morgen selbst in der Hand,
ob uns der neue Tag ärmer oder reicher machen wird.

Maßstab

Wähle deine Ideale gut!
Je höher du sie ansetzt, umso höher ist der Maßstab,
der an dich gelegt wird.
*
Ohne Ideal
ist der Mensch ein Stück Treibholz
im Fluss des Lebens.
*
Als Maßstab sich selbst zu nehmen,
ist sehr vermessen.
*
Als Maßstab uns selbst zu nehmen, ist nicht
vermessen, so lange uns bewusst ist, dass
andere dasselbe tun.

Bedeutung

Nicht was uns widerfährt, ist von Bedeutung, sondern
wie wir damit umgehen.
*
Sage nicht, hätte ich, wäre ich, wenn,
sondern des Heute Bedeutung erkenn!
*
Frage nicht, was habe ich falsch gemacht,
sondern frage, wie kann ich es gut,
wie kann ich es besser machen.

Geben und erhalten

Bedenke immer, dass das,
was du anderen zuteilwerden lässt,
auch dir zuteil wird.

*
Wer nichts erzwingt,
bekommt umso mehr geschenkt.
*
Ein echtes Geschenk erwartet keinen Gegenwert.

Versprechen

Leere Versprechungen wurden nicht unbedingt
von Anfang an leer beabsichtigt.
Manchmal leert sie auch das Leben.
*
Jedes kleine Sandkorn
ist das Versprechen von etwas Großem.
*
Viele Versprechen sind nur Versprecher.

Zufall

Ein glückliches, erfülltes Leben ist nie Zufall,
ist immer Ausdruck und Folge erdienter Tugenden,
die dich jetzt mit ihrem Äquivalent überhäufen.
*
Geformtes Leben ist dein Schicksal,
da kein Geschehen ohne Sinn.
Bedeutung liegt in jedem Zu-Fall,
führt niemals blind durchs Leben hin.
*
Was ist der Zufall denn anderes
als das logische Folgeereignis aller wirkenden Lebenskräfte.
*
Im Zufall begegnen wir
der in sichtbare Wirkung gereiften
unsichtbaren Ursache.

*

Jeder Zufall hat seinen Grund.

*

Glück ist kein äußerer Zufall,
sondern ein inneres Erleben.

*

Zufall ist, wenn alles Zufall wäre.

*

Armer Mann, dieser Reiner Zufall –
buchstäblich ALLES wird ihm angelastet.

Licht und Schatten

In jedem Leben
gibt es Licht und Schatten.
Nur die Schatten im Leben
der anderen sieht man nicht.
Dort scheint alles schön zu sein.
Dabei übersieht man gerne das Licht,
das in jedem Leben leuchtet,
das Gute, das Schöne,
das in allem enthalten ist –
auch im eigenen Leben.

*

Fang das Licht, spür das Licht,
an trüben Tagen, an trüben Tagen!

*

Ich bin Leben und Liebe
und Lachen und Licht.

*

Ich möchte sein eine Sonne
und bin doch nur ein Mond,
unfähig der eigenen Strahlung,
wenn ihn nicht bescheint
die wahre Sonne des Lebens.

*

Jeder Maler weiß es.
Direkt neben dem Licht
ist der Schatten am größten.
*

Sowohl zu gute als auch zu schlechte
lang andauernde Zeiten beenden sich selbst,
indem sie die falschen Menschen
nach oben spülen.
*

Wer sich auf andere verlässt,
ist verlassen.

Reue

Reue ist überflüssig, wenn ihr die Einsicht
für das Richtige fehlt.
*

Reue über schlechte Taten raubt uns die Energie, die wir
brauchen, um sie wiedergutzumachen!
*

Die größten Energieräuber heißen: Reue und Sorge.
*

Reue ist ein destruktives Gefühl,
es bedeutet immer Stillstand, sogar Rückschritt.
Anstatt zu bereuen, habe nur Einsicht
in begangene Fehler und überdenke
deine Beweggründe, deine Motive und Ideale.
*

Reue bedeutet immer Stillstand, sogar Rückschritt.
Darum frage nicht, was habe ich falsch gemacht,
sondern frage, wie kann ich es gut,
wie kann ich es besser machen.
*

Die Reue ist – wie jedes negative Gefühl – Ballast
für Körper, Geist und Seele.

*

Reue ist lähmend wie Treibsand und klammernd wie
unoinoiohtigo Liobo.

*

Die Reue verändert das Gestern eben so wenig
wie die Sorgen das Morgen,
aber sie machen das Heute
freudlos und trüb.

*

Scheue die Reue um das Gestern
und die Sorgen um das Morgen,
denn sie bringen dem Dunkel der Nacht
nicht das Licht des neuen Tages.
Das kommt sowieso!

*

An die Stelle der leidenden Reue setze die einsichtige Tat!

Schweigen und Reden

Schweigen

Nur aus dem Schweigen kommen die großen Gedanken.

*

Schweigen ist ein Ausdrucksmittel.

*

Man kann MIT jemandem schweigen oder GEGEN ihn.

*

Was Worte trennen, macht Schweigen schlimmer
und Reden besser.

*

Worte können anecken, aber Schweigen hat
noch nie die Welt verändert.

*

Ein tieferes Gespräch
als im innigen Schweigen zweier Seelen
ist nicht möglich.

*

Manch Schweigen gibt mehr preis,
als es verschweigt.

*

Nur wenn wir schweigen,
können wir unserer Seele zuhören.

*

Es ist wunderbar, mit einem Menschen reden
zu können, aber mit ihm schweigen zu können,
ist ein kostbares Geschenk.

*

Der Mensch, mit dem wir genussvoll schweigen können,
ist ein Geschenk Gottes.

*

Das Schweigen trägt der Weisheit goldnes Siegel.

*

Rede mir doch die Pausen nicht zu!
Ich möchte mit dir in die Tiefe schweigen.

*

Nur im Schweigen,
in der Ruhe und Stille kann die Unterhaltung
mit unserem Selbst stattfinden.

*

Nicht jedes Schweigen schweigt.

*

Oft ist es besser zu schweigen,
als durch Worte, unbedachte Worte,
einen Menschen zu kränken, zu entmutigen
oder einfach nur in schlechte Stimmung zu versetzen.

*

Manchmal verkleidet sich das Schweigen
und trägt Vorwurf.

*

Das Schweigen kann sehr vielsagend sein.

*

Manchmal findet das Schweigen offenere Ohren
als das Wort.

*

Besser schweigen als nichts zu sagen.

*

Manchmal ist Schweigen absolut nichtssagend.

*

Manchmal ist Reden Gold und Schweigen Sünde.

*

Zu langes Schweigen verwandelt Gold in Blech.

*

Die schweigende Mehrheit verschweigt ihr Recht.

*

Die schweigende Mehrheit verändert: nichts.

*

Dass man ein kluger Schweiger ist,
muss man erst durch kluge Reden beweisen.

*

Verschwiegenheit erfordert
Selbstbeherrschung und Demut.

Reden

Heute hatte ich ein langes und gutes Gespräch –
endlich habe ich mich mal ausgesprochen mit mir.

*

Ich führe gern Selbstgespräche.
Besser die eigene Stimme hören als gar keine.

*

Manche Gespräche versickern in Monologen.

*

Wer viel zuhört, kann viel erfahren.

*

Wer viel redet,
hat nicht unbedingt viel zu sagen.

*

Wer viel redet, verrät viel
über sich selbst.

*

Schlagfertige Menschen sind Meister des verbalen Knockouts.

*

Ein gutes Beispiel ersetzt hundert gute Worte.

*

2020: das Jahr der Wirrologen.

Stille

Die Stille ist stärker und machtvoller
als alle Geräusche und Zerstreuungen,
denn in ihr konzentriert sich das Leben.

*

Die Stille ist eine unserer größten Kraftquellen.

*

Geh durch das Tor der Stille,
denn das Tor der Stille
ist das Tor des Lebens!

Einsamkeit

Einsamkeit erträgt nur der Starke,
der Schwache verzweifelt an ihr.

*

Wirklich einsam ist der,
dem die eigene Gesellschaft nicht genügt.

*

Anders zu sein ist ein Luxus,
den man mit Einsamkeit bezahlen muss.

*

Wer die Unabhängigkeit begehrt,
sollte die Einsamkeit nicht fürchten.

*

Einsamkeit ist eine gute Gelegenheit,
sich selbst richtig kennenzulernen.

Anerkennung

Unser Leben lang hungern wir am meisten nach
der Anerkennung der Menschen, die wir lieben.
*
Ein kostbares Geschenk
muss nicht teuer sein.
Verschenke doch mal Anerkennung!
*
Die Anerkennung eines geliebten Menschen
zählt weit mehr als die anderer.

Zweifel

Ich zweifle, also bin ich.
*
Wer nicht denkt, zweifelt nicht.
*
Ich zweifle, also bin ich, denn wer nicht denkt,
zweifelt nicht.
*
Es ist besser zu zweifeln, als eine Sache
ohne Überlegung anzuerkennen.
*
Es ist der Zweifel,
der uns bis in die Tiefen unserer Seele führen kann,
aber die Weisheit der Liebe muss ihn begleiten.
*
Das Leben ist ein Hindernislauf,
und Hindernisse, die der Zweifel verweigert,
überspringen Hoffnung und Glauben
mit Leichtigkeit.
*
Wenn sich der Zweifel zu wichtig nimmt,
ist er statt Mittel nur Selbstzweck.

*
Wenn sich der Zweifel zu wichtig nimmt,
sollte er an seiner Wichtigkeit zweifeln.
*
Wes liebste Kind die Zweifel sind,
der zweifelt sich die Augen blind.
*
Am liebsten hat der Intellektuelle den Zweifel.
Zu glauben ist unter seiner Würde.
*
Zweifel und Angst binden den Geist.
*
Voraussicht und Vorsicht
sind das beste Vorbeugungsmittel.

Hoffnung

Glaube, Hoffnung, Mut,
sie bestärken einen Menschen immer gemeinsam.
Ohne Glauben gäbe es keine Hoffnung,
ohne Hoffnung keinen Mut und ohne Mut keinen Glauben.

So führen sie den Menschen gemeinsam durch das Leben,
ein jeder die eigene Kraft durch die Kraft
des anderen mehrend und ergänzend.
*
Jedes lebende Wesen trägt in sich das Wissen
um die sinnhafte Veränderung aller Dinge.
Sie ist die Grundlage der Hoffnung.
*
Ohne Hoffnung gibt es keinen Lebenswillen.
*
Woran glaube ich, was erhoffe ich,
und habe ich den Mut, diese Dinge, diese Werte
auch zu leben, zu verfolgen,
in jeder nur möglichen Konsequenz,
die sie mit sich bringen mögen?

*

Hoffnung ist die innere Haltung eines Menschen,
die das Lebensprinzip der Veränderung,
der Bewegung in sich aufnimmt
und positiv besetzt und auslegt.
*
Es gibt viele Wahrscheinlichkeiten,
aber nur wenige Gewissheiten.
Und davon leben
die Sehnsucht und die Hoffnung.
*
Die Hoffnung ist eine ausdauernde Geliebte, die dich von
Herzen gern glücklich machen möchte. Aber wenn sie zu
lange nichts mehr von dir hört, zweifelt sie an deiner Liebe
zu ihr und stirbt irgendwann an gebrochenem Herzen.
*
Hoffnung lässt unsere Träume und Sehnsüchte
nach Veränderung zu Lebensvisionen reifen.
*
Die Hoffnung trägt unser Leben mit,
sie bringt Licht in dunkle Tage.
*
Das Licht der Hoffnung lässt uns ausharren
in Mühsal und Bedrängnis, lässt uns
Schmerzen ertragen und schlechte Zeiten,
denn es ist ein Abglanz des Lichtes Gottes, seiner Liebe,
die uns alles tragen hilft und zum Guten wenden kann.
*
Wer könnte ohne Hoffnung
sein Leben überhaupt wagen? Sie trägt uns
über Stock und Stein und Abgründe hinweg.
*
Hoffnung eilt uns weit voraus
und wenn wir sie auch manchmal
nicht einholen können,
sollte zwischen ihr und uns
zumindest Blickkontakt herrschen.

*

Hoffnung ist des Saatkorns Bild
vom Ährengold im Sommerwind.

*

Wo Leben ist, da ist auch Hoffnung.

*

Leben ist Sein und jedes Sein ist Hoffnung.
Erst wenn das Sein stirbt, stirbt auch die Hoffnung ganz.

*

Die Hoffnung geht gern mit der Geduld Hand in Hand.

*

Unverzeihlich ist, anderen Menschen die Hoffnung zu rauben.

*

Wer sagt, dass er ohne Hoffnung sei, der lügt.

*

Es gibt kein Leben ohne Hoffnung.
Ohne Hoffnung ist nur der Tod.

*

Jeder Tod einer Hoffnung ist die Geburt einer neuen.

*

Wer sagt, dass er ohne Hoffnung sei, lügt, denn
jeder Tod einer Hoffnung ist die Geburt einer neuen.

*

Hoffnung ist der sanfte Schein einer Kerze in der Dunkelheit.

*

Im mutigen Blick voraus liegt die Erfüllung der Hoffnung.

*

Es liegt in der Natur des Menschen, dass die
Hoffnung erst mit ihm stirbt.

*

Hoffnung ohne Mut ist eine Sackgasse.

*

Ich setze all meine Hoffnung in Gott,
und mein Herz wird still und weit.

*

Hoffnung ist, weil Hoffnung ist.

*

Keine Hoffnung erfüllt sich selbst.

Hochmut

Wir alle haben unseren Hochmut – da, wo wir uns
kompetent, wissend und überlegen fühlen.
*

Geistiger Hochmut schwebt so weit oben,
dass gesunder Menschenverstand
durch Sauerstoffmangel nicht mehr möglich ist.
*

Die meisten Sünden entstehen durch Hochmut.
*

Hochmut ist Sünde
und zieht andere Sünden an,
denn er ist ohne Liebe.

Liebe kennt keinen Hochmut,
wohl aber Demut.
Sie ist die demütigste Kraft
und zugleich die machtvollste.

Indem sie sich verströmt,
wächst ihre Kraft.
Ihre Magie vermag Dunkelheit
in Licht zu verwandeln.

Ironie

Sarkasmus ist die bissige Schwester der Ironie.
*

Wer mit Ironie nichts anfangen kann,
ist entweder gutmütig oder dumm.
*

Ironie zeigt im Lächeln Zähne.
*

Warum mit dem Schlechten rechnen,
wenn man das Schlimmste haben kann?

*

Mach aus einem Verbrecher ein Opfer,
und er wird zum Heiligen.

*

Drei triftige Gründe, die Covid-19-Impfung zu empfehlen:
Man kann trotzdem krank werden, aber nur leicht.
Man kann hospitalisiert werden, aber nur leicht.
Man kann sogar sterben, aber, Gott sei Dank!, nur leicht!

*

Die Ehefrau mag früher die Sklavin ihres Mannes
gewesen sein. Heute versklavt sie sich selbst.

Unschuld

Man kann nicht nur die körperliche Unschuld,
sondern auch die geistige verlieren.

*

Der mit allen Wassern Gewaschene
wäscht seine Hände am liebsten in Unschuld.

*

Die weißesten Westen
sind die mit allen Wassern gewaschenen.

Nachtragend

Wer nachtragend ist, hat viel zu tun,
ohne zu etwas zu kommen.

*

Wer nachtragend ist, bedient andere.

*

Tat ich etwas dir zum Nutzen,
verwende es nicht gegen mich!

IV. Wie das Leben so tickt

Geld, Arm oder Reich, Umwelt, Klein oder Groß, Menschen, Gelingen, Sport, Alkohol und Sucht

„Der weise Mensch auf Erden geniesst den Wein allein beim Glücklich-Sein und nicht zum Glücklich-Werden."

Geld

Verdirbt Geld wirklich den Charakter?
Oder lässt es nur den wirklichen Charakter
deutlicher werden?
*
Wer das Geld selbst als Zweck ansieht,
hat den Sinn des Lebens gründlich missverstanden.
Entscheidend ist, was wir damit tun.
*
Der Erfolg einer Sache oder eines Lebens bemisst sich
nicht am monetären Gegenwert.
*
Geld macht nicht reich.
Es ist nur angenehmes Beiwerk
für den wirklichen Reichtum im Leben.
*
Geld, das Freude schenkt, ist bestens angelegt.
*
Die schönste Rendite,
die Geld bringen kann, ist Freude.
*
Wer alles für bare Münze nimmt, sollte bedenken,
dass viel Falschgeld gegeben wird.

*

Mancher Blütenhonig schmeckt wie Falschgeld.

*

Geld wächst zwar nicht AUF Bäumen,
aber ALS Bäume schon.

*

Wo Zeit Geld ist, wird Sorgfalt zum Luxus.

*

Wer Millionen an Steuerschulden hat, muss
ja wohl noch mehr Millionen verdient haben?!

*

Ich hätte gerne Steuerschulden im mehrstelligen Bereich –
sie würden mich reich machen.

*

Entwicklungshilfe ist,
wenn das Geld von Armen reicher Länder
an Reiche armer Länder geht.

*

Die größten Räuber
müssen nicht in eine Bank einbrechen,
sie arbeiten bereits dort.

*

Wenn du ungestraft eine Bank ausrauben willst,
dann gründe eine.

*

Hört der Geiz beim Geld denn auf?

*

Fußballspieler laufen heute mehr
dem Geld hinterher
als dem Ball.

*

Kapitalismus:
Ob Krieg oder Krise, der Gewinn ist sicher.

*

Manchmal hat sich ausgezahlt
ausgezahlt.

Arm oder Reich

Wer reich ist, kann arm dran sein.
*

Was machen Banken mit dem vielen Geld?
Andere Leute arm.
*

Sorge dich nicht um die Zukunft. Sorge für
die Gegenwart – sie sorgt für die Zukunft.
*

Stell dir vor, du hättest all deinen Besitz verloren.
Wärst du dann immer noch reich?
*

Wie wenig schätzen wir, was wir haben,
und wie sehr begehren wir, was wir verloren glauben.
*

Zu sagen, Geld und Gut
bedeuten nichts, bedeutet gar nichts,
wenn man davon genug hat.
*

Wirklich reich ist, wer allen Besitz verliert und
sich immer noch reich fühlt.
*

Nur dein Herz kann dir sagen, wie reich
du wirklich bist und wie viel wert.
*

Manchmal muss man fortgehen,
um richtig zu schätzen, was man hatte.
*

Bedanke dich zuerst für das, was du hast
und dann für das, was du nicht hast.
*

Das Schlichte ist edel – das Edle adelt.

Ob etwas mir wirklich gehört,
weiß ich erst, wenn ich es freigebe.

Umwelt

Die Umweltgebühr – der moderne Ablass.
*

Eine Umweltgebühr kauft dir
ebenso wenig eine neue Erde, wie ein
Sündenablass dir einen Platz im Himmel kauft.
*

Weder im Himmel noch auf Erden kauft Geld
von Sünden frei.
*

Kein Geld der Welt kauft eine neue Welt.
*

Ist einmal diese Welt zerstört,
kann alles Geld der Welt mir keine neue kaufen.
*

Wenn man wirklich aus Fehlern lernen würde,
müsste die Welt ein Paradies sein.
*

Hier auf Erden trägt das Paradies deinen Namen.
*

Wie viel einfacher ist es doch, abzufackeln
und zu zerstören, als aufzubauen.
*

Klimahysterie:
Die Welt begeht Selbstmord aus Angst vor dem Tod.
*

Ablasshandel gibt es nicht mehr?
Irrtum, er heißt nur anders,
z. B. Klimaschutzabgabe.
*

„Ich kann es mir leisten" ist nicht der Punkt.
Der Punkt ist viel mehr:
Können wir alle uns das
für unsere Erde leisten?
*

Anstatt zu dienen, be-dienen wir: uns.

*

Kant war gestern. Heute ist Greta.

Klein oder Groß

Macht

Die Globalisierung ist ein riesiges Marionettentheater,
bei dem nur gewinnt,
wer von ganz oben die Fäden zieht.
*
Wissen ist Macht.
Am verbreitetsten ist das Wissen,
wie man Macht gewinnt und behält.
*
Den Preis für die Ideologien der Mächtigen
zahlen die Machtlosen.
*
Merlin würde vor Neid erblassen,
denn den mächtigsten Zauber im Land hat,
wer die Macht über die Bilder besitzt.
*
Das Böse hat immer nur so viel Macht über uns,
wie wir bereit sind, ihm zu geben.
*
Es ist fatal, wenn die Macht geistlos
und der Geist machtlos ist.

Klein oder Groß

Alles Große braucht das Kleine.
Jeder Uhrmacher weiß es.
*
Andere kleinzumachen,
hat noch niemanden größer gemacht.

*

Ob ein Leben „klein" oder „groß" ist,
hängt nicht von „kleinen" oder „großen" Umständen
ab, sondern von unserem Willen
und unserem Herzen.

*

Glaubst du, das Kleine sei nichts wert
und folgt dem Großen nur?
Dann bist du auf der falschen Spur,
denn richtig ist es umgekehrt.

*

Alles Große ist angewiesen auf das Kleine.
Fällt ein Rädchen im Uhrwerk aus,
bleibt die Uhr stehen.

*

Viele kleine Rädchen machen noch keine Uhr,
aber ein einziges kleines Rädchen
kann sie stillstehen lassen.

*

Am kleinen Sprung über den eigenen Schatten
scheitern selbst Hochspringer.

*

Ein kleines h macht einen Reinfall gewaltig.

*

Beginn, wo du bist, und sei es im Kleinen,
mag es vielleicht auch unscheinbar scheinen,
weil durch der kleinen Schritte Breite
sich dir erschließt des Lebens Weite.

*

Kannst du die großen Taten nicht tun,
dann wart sie nicht ab, um dich auszuruhn.
Beginn, wo du bist, und sei es im Kleinen,
mag es vielleicht auch unscheinbar scheinen.

*

Aus dem Kleinen entsteht das Große!

*

Das Große denke nicht ich – das Große denkt mich.

*

Das Kleine spiegelt immer das Große wider.

Menschen

Menschen

Bevor du dich anderen Menschen zuwendest, sei gut zu dir.
Es macht dich ihnen gegenüber wohlwollender.

*

Wenn Menschen doch nur
genauso leicht verzeihen würden,
wie sie verurteilen.

*

Es gibt viele dicke Menschen.
Liegt es daran, dass die meisten Kalorien
das Denken verbraucht?

*

Der Unterschied zwischen Menschen und Schnecken
liegt darin, dass es bei Schnecken völlig artgerecht ist,
wenn sie kriechen und schleimen.

*

Auch Mittelmäßigkeit kann man perfektionieren.

*

Manche Menschen haben ihre Mittelmäßigkeit perfektioniert.

*

Ein Mensch alleine weiß nie alles.
So brauchen wir im Fall des Falles in unsrer
eigenen Begrenzung den Geist des andern als Ergänzung.

*

Wo immer du auch hingehst Mensch,
nimmst du dich selbst mit.

*

Warum wir uns oft unzufrieden fühlen?
Weil wir die Wege anderer Menschen gehen
und nicht unsere eigenen.

*

Der Mensch,
der Glaube, Hoffnung und Liebe in sich trägt,
kann nicht nur sein eigenes Leben
zum Guten verändern,
sondern die ganze Welt.

*

Menschen machen Kleider, die aus Menschen Leute machen.

*

Das Innere des Menschen wird im Außen sichtbar.
Wenn ich mir die Welt aber so betrachte,
wie mag dann wohl das Innere
mancher Menschen
aussehen?!

*

Menschen sind wie Klaviere – man kann sie verstimmen.

*

Menschen sind wie Autos – wo sie zusammenstoßen,
werden ihre Schwachstellen sichtbar.

*

Fröhliche, lebendige Menschen leuchten
wie Sonnen in trübe Tage.

*

Ein Mensch ohne Lachfalten hatte im Leben
nicht viel zu lachen.

*

Nur starke, unabhängige Menschen können
gegen den Wind segeln.

*

Nie ist der Mensch authentischer, als wenn er
aus dem Gefühl heraus handelt oder spricht,
denn es gibt nichts Ehrlicheres als Gefühl.

*

Der Mensch erlebt, was er lebt.

*

Die Sprache ist eine wunderbare Gabe. Aber der Mensch
bringt es fertig, sich mit ihr um Kopf und Kragen zu reden.

*

Die Sprache des Menschen ist gleichzeitig Segen und Fluch.

*

Alle Menschen haben eine Stimme, aber viele bleiben stumm.

*

Menschen, die Geheimnisse anderer bewahren können,
haben zuerst gelernt, ihre eigenen nicht auszuplaudern.

*

Ein Geheimnis, das über zwei Augen und Ohren
hinausgeht, ist schon keines mehr.

*

Menschen,
die bei dir über andere reden,
reden bei anderen über dich.

*

Kein Mensch ist so schlecht wie sein Ruf.
Stimmt! Einige sind schlechter.

*

Redet mir den Smalltalk nicht schlecht:
Er ermöglicht einen unverfänglichen
und reibungslosen Zugang zum Anderen.

*

Bei allem im Leben stellt sich die Frage:
Was ist es mir wert?

*

Menschen, die agieren, dirigieren diejenigen,
die reagieren.

*

Mutige Menschen tanzen dort, wo andere
nicht mal zu gehen wagen.

*

Viele Menschen meinen, es gebe keine außersinnliche
Wahrnehmung und das scheinbar Unerklärliche sei
nur Telepathie. Was ist denn aber Telepathie?!

*

Telepathie ist, die geistige Telefonnummer eines anderen
Menschen anzuwählen.

*

Es gibt Menschen, die haben Hunger satt.

*

Unter allen Pfeifen
stellen die zweibeinigen das größte Kontingent.

*

Manche Menschen sind in ihrem Lebensstück
einfach die falsche Besetzung.

*

Manche Menschen sind so voller Gift,
dass sie immer wieder etwas davon
bei anderen ablassen müssen,
um nicht tot umzufallen.

*

Der Mensch sucht mit Vorliebe im Außen,
was nur in seinem Innern zu finden ist.

*

Menschen, die häufig gut zu sich selbst sind,
sind selten unzufrieden.

*

Menschen sind wie Kletterpflanzen.
Sie brauchen Halt und Führung ihrer Triebe.

*

Wie hoch auch sein Amt,
es bleibt der Mensch doch immer Mensch.

*

Im Nachhinein merken viele Menschen, dass sie viel
glücklicher waren, als sie gedacht hatten.

*

Göttliche Zeichen sind dem Menschen sichtbar gemachte
göttliche Liebe, sind sichtbar gemachter göttlicher Segen.

*

Selbstlose Menschen werden oft ausgenutzt,
weil sie selbst bedürfnislos scheinen.

*

Aufrechte Menschen
machen keine krummen Geschäfte.

*

Heiligenscheine lebender Menschen kann man an ihren guten
Taten erkennen.

*

Begegnungen sind da, dass Menschen
sich mehr treffen als übertreffen.

*

An sich glauben viele Menschen.

*

Am liebsten beschäftigen wir uns mit Menschen,
die sich am liebsten mit uns beschäftigen.

*

Menschen ver-stehen sich.

*

Alle Menschen nutzen heute selbstverständlich,
was früher als unmöglich galt.

*

Die meisten Menschen sind mehr bei Schönwetter Liebende,
Freunde oder Christen. Bei Schlechtwetter weniger.

*

Manche Menschen preisen sich besser an,
als sie sich verkaufen.

*

Weil Menschen mehr Wert auf Geld legen,
haben Menschen keinen Wert mehr.

*

Muss ein Mensch, der mit allen gut Freund sein will,
sich für eine Seite entscheiden,
entscheidet er sich für die Mehrheit.

*

Ein Mensch ohne Rückgrat ist unhaltbar.

*

Für viele Menschen ist das Wagnis ihrer Geburt
das einzige ihres ganzen Lebens.

*

Große Menschen können klein sein,
aber niemals kleinlich.

*

Gut, dass es Keller gibt. Sonst hätten viele
Menschen gar keine Tiefe.

*

Elfenbeintürme sind den meisten Menschen zu hoch.

*

Ich kann einen anderen Menschen nur dann
glücklich machen, wenn er, was ich bin und
gebe, als beglückend erkennt und annimmt.

*

Manche Menschen sind die Fahnen
im Wind ihrer Mitmenschen.

*

Anderen Erkenntnisse zu vermitteln, ist sehr
schwer, denn der Mensch kann nur von seinem
eigenen Bewusstseinsniveau aus urteilen.

*

Informierte Menschen sind unbequem.

*

Am angenehmsten sind Menschen, die den Mund
geschlossen und die Geldbörse offen halten.

*

Je mehr der Mensch zu wissen meint, desto
weniger meint er, zu glauben. Auch das ist
Glauben, aber mit Gewissheit.

*

Er war ein gläubiger Mensch und liebte seine Nächsten.
Trotzdem wurde er schuldig geschieden.

*

Auch Menschen gedeihen am besten
im passenden Biotop.

*

Auch die höchsten Menschen müssen
zu den Niederungen des Menschseins herabsteigen.

*

Wer andere Menschen nicht ernst nimmt,
den nehmen andere Menschen nicht ernst.

*

Ein schwer reingefallener Mensch wird leicht ausfallend.

Nicht nachtragende Menschen verdanken diese
Tugend meist einem schlechten Gedächtnis.

*

Zufriedene Menschen sind in kleinen Dingen anspruchsvoll.

*

Auch kleine Menschen können lange Schatten werfen.

*

Ein zufriedener Mensch hat mehr Lach- als Kummerfalten.

*

Wahr ist: Menschen glauben mehr der Mehrheit
als der Wahrheit.

*

Wahrheit ist ein scharfes Skalpell,
das schwachen Menschen stumpf lieber ist.

*

Wahrheit ruft bei vielen Menschen starke
allergische Reaktionen hervor.

*

Das Wahrgenommene ist nicht immer wahr zu nehmen.

*

Der Mensch widerspricht sich nicht gern selbst.

*

Menschen sind wie elektrischer Strom, der geht auch
den geringsten Widerstand.

*

Eine Methode ist nur so gut,
wie das Vermögen der sie anwendenden Menschen.

*

Eine Methode ist nur so gut,
wie Menschen sie anzuwenden vermögen.

*

Menschen, zu denen wir nicht stehen,
lassen uns sitzen.

*

Nicht jeder Prominente ist herausragend.

*

Ein wahrhaftiger Mensch
lebt die wahre Konsequenz des Denkens und
Handelns, die sich in Harmonie befinden.

*

Manchen Menschen sind schlechte Nachrichten über sich
lieber als gar keine.

*

Es gibt Menschen,
die wirken sogar im Ruhezustand dynamisch.

*

Menschen sind wie Edelsteine. Wenn sie ihre Fassung
verlieren, sind sie schutzlos.

*

Tritt einem Menschen auf die Füße
und er zeigt dir sein wahres Gesicht.

*

Das seltenste Gewächs ist ein Mensch,
der sagt, was er wirklich denkt.

*

Das Meiste, was der Mensch erschafft,
ist leider nur „Etüde".

*

Ich bin doch auch nur ein Mensch!?
Als wäre das ein Freifahrtschein, der
jede Handlungsweise entschuldigt.

*

Appelliere an das Höhere im Menschen
und man belächelt dich.
Appelliere an das Niedere
und man nimmt dich ernst.

*

Die Welt steht Kopf, wenn der Mensch
für die Dinge da ist,
statt die Dinge für den Menschen.

*

Manchen Menschen fehlt das Menschliche.

*

Der Mensch findet sich in allem, was er liebt,
und verliert sich in allem, was er hasst.

*

Man muss die Menschen nicht verstehen.
Es reicht, sie zu lieben.

*

Viel mehr als Blumen oder Torte
braucht jeder Mensch die lieben Worte.

Bewusstsein

So sehr sich der Mensch auch müh'n mag, bedenkt,
da oben ist jemand, der alle uns lenkt.

*

Nichts fürchtet der Mensch wohl so sehr
wie die Vorstellung, das, woran er glaubt,
könnte falsch sein.

*

Ein wahrhaft großer Mensch schöpft
aus göttlichem Bewusstsein – der ewigen Quelle
der einzigen Wahrheit des Lebens selbst.

Vollkommenheit / Unvollkommenheit

Menschliche Vollkommenheit erwächst
aus dem Zusammenhang der Seele mit Gottes Seele –
aus ihrer Übereinstimmung in Gedanken, Wollen und Ziel.

*

Das Erkennen der eigenen Unvollkommenheit ist immer
auch das erste Begreifen von Vollkommenheit.

*

In Problemen begegnen wir
unseren eigenen Unvollkommenheiten.

*

Opportunist im Sinne von (Über-)lebenskünstler,
sind wir das nicht alle mehr oder weniger?

Scheuklappen

Viele Menschen gehen
mit Scheuklappen durchs Leben,
die sie sich selbst angelegt haben.
*
Mit Scheuklappen entdeckt man keine neuen Welten.

Gelingen

Die wunderbarsten Dinge werden geboren aus einem
Schuss Ernsthaftigkeit, einem Schuss Wichtigkeit und
viel, viel spielerischer Leichtigkeit.
*
Was im Namen der Liebe geschieht, trägt
schon in sich das Zeichen des Gelingens.
*
Wer sich um die kleinen Dinge recht kümmert,
dem gelingen auch die großen.
*
Es kümmert, worum man sich nicht kümmert.
*
Was uns viel abverlangt, gibt uns am meisten.
*
Was der Kopf abarbeitet, müssen die Hände nicht.
*
Eine Aufgabe, die man nicht gleich erledigt, ist ein Hügel,
der mit jedem Tag mehr zum Berg wird.
*
Es gelingt stets leicht und gut,
was man mit Lust und Freude tut.

*

Im guten Sinne
liegt schon das gute Gelingen verborgen.

*

Niemand erfindet das Rad neu, aber vielleicht
macht es jemand überflüssig.

Sport

Sport

Gesund den Körper stählt, wer ihn
zwar fordert, doch nicht quält.

*

Im Sport ist das gesunde Mittelmaß
durchaus wörtlich zu nehmen.

*

Höher, schneller, weiter, besser?
Gilt nur noch für den Sport.
Alle anderen Bereiche der Gesellschaft
werden laufend tiefergelegt.

*

Für wegen ihrer Beinarbeit an Kopfschmerzen leidenden
Joggern ist der Tag gelaufen.

*

Kann man tun, weil man fit ist
oder ist man fit, weil man tut?

Der Sieg

Wie süß schmeckt der Sieg über die
Bitterkeit des Lebens.

*

Der bitter errungene Sieg schmeckt am süßesten.

Alkohol und Sucht

Alkohol

Alkohol ist ein Geschmacksverstärker des Lebens.
*

Manch einer kann nicht ohne Alkohol leben,
aber mit ihm auch nicht.
*

Alkohol ist dir nur der Freund, der du dir selber bist.
*

Alkohol ist ein Freund für schöne Tage.
*

Wer sein Glück im Alkohol sucht,
braucht auf das Unglück nicht lange zu warten.
*

Alkohol ist nicht die Lösung – Alkohol ist das Problem.
*

Etwas Alkohol macht geistreich, zu viel geistlos.
*

Zwischen geistreich und geistlos
liegen oft nur ein paar
Schlucke Alkohol.
*

Wer Bier trinkt, hält Maß.
Wer Maß hält, lebt gesund.
*

Wie man Weinkenner wird?
Durch Weintrinken!
*

Auch mit Wein kann man sich über Wasser halten.
*

Er hatte tief ins Glas geschaut, es aber leider
nicht dabei belassen.

*

Trinker wird man schluckweise.

Ich bin kein Quartalssäufer,
ich trinke täglich.

*

Die Grenze beim „Trinken" ist fließend.

*

So viel Alkohol kann es gar nicht geben,
dass man sich dieses Deutschland
schöntrinken kann.

*

Alkohol verspricht, was das Leben selten hält.

*

Der weise Mensch auf Erden
genießt den Wein allein
beim Glücklich-Sein
und nicht zum Glücklich-Werden.

*

Dem Augenblick entzieh sein Glück,
solange er noch dein!
Genauso kehrt er nie zurück,
auch Essig war mal Wein.

Sucht

Sucht im Menschen ist nichts anderes
als zwanghaftes Verlangen nach etwas,
das einen Hunger stillen soll und nicht kann.

*

Wie jede Sucht fängt Rauchen im Kopf an
und hört genau dort auch auf.

*

Die Sucht sucht.

V. Von Tugenden

Bescheidenheit und Demut, Wahrhaftigkeit, Dankbarkeit,
Geduld, Freundlichkeit, Selbstlosigkeit, Gerechtigkeit,
Herz und Herzlichkeit, Humor, Mut, Treue, Toleranz und
Intoleranz, Vergebung und Verzeihung

„Wer die Demut nicht kennt, überschätzt seine eigene Bedeutung."

Bescheidenheit und Demut

Bescheidenheit

Das äußere Zeichen innerer Demut ist Bescheidenheit.
*
Jeder wahrhaft große Mensch ist bescheiden,
aber nicht jeder bescheidene Mensch ist groß.
*
Mäßigung ist aller Tugenden Gewinn.
*
Bescheidenheit ist die raffinierteste Koketterie.
*
Motto des Sparsamen: Manchmal ein Muss – Genuss!
*
Tugenden stehen theoretisch hoch im Kurs,
praktisch eher weniger.

Demut

Wer die Demut nicht kennt,
überschätzt seine eigene Bedeutung.

*

Die Demut ist die Hüterin des Stolzes
und Hochmuts des Geistes.
*

Jedes Unglück im Leben lehrt uns Demut.
*

Demut ist nicht die Kehrseite des Mutes,
sondern ganz im Gegenteil seine Voraussetzung.

Demut ist nicht passiv,
sie ist aktive Annahme des Lebens.

Nur aus ihr entspringt der echte Lebensmut,
der getragen ist von Vertrauen und Hoffnung.
*

Demut kriecht nicht, denn sie ist nicht devot.
Sie kniet – vor der Größe des Lebens
und vor seinem Schöpfer.

Selbstbewusstsein

Selbstbewusstsein ist die gesunde Mischung
von Demut und Überheblichkeit.
*

Gesundes Selbstbewusstsein ist
mit Demut ausgeglichene Überheblichkeit.

Mangel und Fülle

In jedem Leben gibt es Mangel wie Fülle.
Konzentrierst du dich auf deinen Mangel, wirst du unzufrieden.
Konzentrierst du dich auf deine Fülle, wirst du dankbar.
Dankbarkeit bereitet dem Fluss der Fülle das Bett.
*

Bester aller Tugendwächter ist
der Mangel an Gelegenheit.

*

Wer sich dem Mangel öffnet, verschließt sich der Fülle.

*

Mangel muss geben, um Fülle zu werden.

Habenichts

Menschen meinen oft, sie hätten gar nichts.
Wenn sie dieses Nichts aber verloren haben,
merken sie erst, wie viel es doch war.

Wahrhaftigkeit

Wahrhaftigkeit ist eine Tugend,
die aufbaut auf Stärke,
auf Mut und innere Kraft.

*

Wahrhaftigkeit ist eine schwere Tugend,
die leicht mit dem Vorteil kollidiert.

*

Wahre Tugenden erkennt man daran,
dass sie nicht nur Bestand haben in guten Zeiten,
dass wir sie nicht nur ausüben an Menschen,
die wir lieben, die liebevoll sind.

*

Tugendhafte Grundsätze allein machen nicht den
tugendhaften Menschen aus.

*

Wahre Tugend will gelebt sein.

*

Tugend: nichts mehr für die Jugend?

*

Seine Genauigkeit ist zum Haareraufen,
doch könnt von ihm man alles kaufen.

*

Wahrhaftigkeit und Genauigkeit sind wie zwei Brüder,
die gemeinsam durch das Leben gehen,
die sich gleichen durch ihre Familienähnlichkeit
und sich doch bereichern durch ihre Verschiedenheit.

*

Seine Genauigkeit brachte mich
manchmal zur Verzweiflung, aber:
Seine Produkte könnte ich bedenkenlos kaufen.

*

Ohne Versuchung kann jeder tugendhaft sein.

Dankbarkeit

Schaust du voll Freude auf dein Leben
in Dankbarkeit und reinem Glück,
weil es so Vieles dir gegeben,
so kam nur, was du gabst, zurück.

*

Dankbarkeit vermehrt den Strom der Fülle.

*

Dankbarkeit ist ein Magnet für die Segnungen des Lebens.

*

Demut und Dankbarkeit haben viel gemeinsam.

*

Wer Glück fühlt, fühlt auch Dankbarkeit.

*

Die Währung des Glücks ist Liebe und Dankbarkeit.

*

Glück und Dankbarkeit wohnen im selben Haus.

*

Glück und Dankbarkeit wohnen Tür an Tür.

*

Dankbarkeit ist wie Parfum: wohlriechend,
aber schnell verduftend.

*

Seien wir dankbar für alles, was wir erreichen,
und sprechen wir diese Dankbarkeit auch aus,
an jedem Tag unseres Lebens.

Geduld

Geduld – die am meisten unterschätzte Tugend überhaupt,
bildet sie doch die Grundlage für ein Leben miteinander.
*
Die am meisten unterschätzte Tugend ist die Geduld.
*
Geduld fällt oft schwer, es sei denn, sie
landet auf der weichen Wolke des Vertrauens.
*
Geduld ist das Einatmen der inneren Kraft.
*
Geduld ist der Zügel des Verlangens.
*
Die Geduld ist der Zügel des Mutes.
*
Die Geduld hat zwei Gesichter: ein aktives und ein passives.
*
Geduld ist das Öl auf den Wogen
des Lebens.
*
Geduld ist der Stausee der inneren Kraft.
*
Geduld ist das Fundament der Stärke.
*
Geduld ermöglicht das Ausreifen der Dinge.
*
Sehnsucht allein erfüllt nicht.
*
Geduld beruhigt immer das Leben.

*

Die Hoffnung ist die Brücke zwischen Sehnsucht
und Erfüllung, aber die Geduld ist die Baumeisterin.

*

Manchmal sieht die Geduld vor lauter Dunkelheit
den Weg nicht mehr, und dann geht ihr
die Hoffnung mit ihrem Licht voraus.

*

Geduld ist das aktive,
weil zielgerichtete Bündeln der inneren Kraft.

*

Geduld kann Atem zu Wind werden lassen
und einen Tropfen zur Flut.

*

Wenn die Geduld noch abwartet und der Mut bereits rennt,
ist der Glaube schon am Ziel.

*

Echte Geduld ist langmütiges Vertrauen darauf,
dass alles sich zum Guten fügt.
Dabei geht sie mit der Hoffnung Hand in Hand.

*

Die Geduld zügelt den Jockey Mut
auf dem Pferd Hoffnung.

*

Geduld bündelt die Stärke – Ungeduld zerstreut sie.

*

Geduldig bündelt der Starke seine Energie,
die der Schwache ungeduldig zerstreut.

*

Geduld ermöglicht das Ausreifen der Dinge.
Wer ungeduldig die Rosenknospe öffnet,
zerstört ihre Blüte.

*

Ungeduld erstickt oft schon im Keim,
was doch in Ruhe und Abgeschiedenheit reifen muss.

Freundlichkeit

Willst du Freundlichkeit – sei freundlich.
Willst du Geduld – sei geduldig.
Willst du Verständnis – sei verständnisvoll.
Willst du Liebe – dann gib sie!
*

Gib, was du hast an Liebe,
in einem freundlichen Wort,
einem unverhofften Lächeln, einer guten Tat,
und du bringst Freude in diese Welt.
*

Ein freundliches Lächeln und ein Wort über das Wetter
sind unverfängliche Brücken von Mensch zu Mensch.
*

Ein Lächeln
ist die billigste und effektivste
erneuerbare Energie.

Selbstlosigkeit

Der Wunsch zu helfen

Der tief empfundene Wunsch zu helfen entspringt
der Liebe, und Liebe findet und ebnet Wege direkt
ins Herz Gottes – dort wo die Gnade zu Hause ist.

Selbstlos

Was der Selbstsüchtige kleinlich liebt,
der Selbstlose großzügig gibt.
*

Selbstlos ist, wer neidlos gönnen kann.

*
Die liebevollsten Taten
sind die verborgenen.
Sie genügen sich selbst.

Gerechtigkeit

Gerechtigkeit, das ist die Waage,
mit der der Geist die Sache misst.
*
Die Gerechtigkeit lebt gefährlich.
Am häufigsten wird sie vom Gesetzbuch erschlagen.
*
Am Galgen der Justiz hängt oft die Gerechtigkeit.
*
In den Mühlen der Justiz
wird die Gerechtigkeit zu Staub zermahlen.
*
Beim Wettlauf um das Recht
bleibt die Gerechtigkeit oft auf der Strecke.
*
In den akkuraten Buchstaben des Gesetzes
fehlt das G wie Gerechtigkeit.
*
Das Gesetz verspricht manches, was der Staat nicht hält.
*
Die teuersten Anwälte sind die,
deren laserscharfer Verstand Löcher
in unbequeme Gesetze zu schneiden vermag.
*
Gesetze, die nicht durchgesetzt werden,
sind überflüssig.
*
Was sich als Gesetz durchgesetzt hat,
muss auch durchgesetzt werden.

*

Im großen Gesetzesapparat scheint
die Gerechtigkeit eine vernachlässigbare
Größe zu sein.

*

Die Gerechtigkeit Gottes ist unbestechlich,
aber sie wird durch Liebe zu Gnade.
Auch durch deine Liebe.

*

Auf das Auge ist kein Verlass, es sieht nur das,
was der Verstand zulässt.

Herz und Herzlichkeit

Herz und Herzlichkeit

Unser Herz hat zwar eine leise,
dafür aber weise Stimme.

*

Das Herz ist so großmütig,
den Verstand zu Rate zu ziehen,
bevor es entscheidet.
Der Verstand ist zu kleinmütig,
das Herz zu befragen,
aber er nennt es: überlegen.

*

Ein weites Herz hat selbst Platz für den weitesten Verstand,
aber ein enger Verstand engt auch das Herz ein.

*

Enge des Geistes drückt auf das Herz.

*

Ein Lächeln ist die Flagge des Herzens.

*

Herz ÜBER Kopf!

*

Vernunft ohne Herzensgüte ist ein unmenschlicher Richter.

*

Ohne das Gegengewicht Herz
wäre der Kopf eine zu schwere Last.

*

Für Kopfmenschen ist das Herz nur ein Organ.

*

Man sagt aus gutem Grund herzlich, aber nicht kopflich.

*

Die Sonne im Herzen kann keine Wolke am Himmel trüben.

*

Wer MORGEN sagt, meint im Grunde seines Herzens NIE.

*

Lächelt das Herz, lächelt auch der Mund.
Umgekehrt leider nicht immer.

*

Man sollte sein Herz sprechen lassen,
aber nicht auf der Zunge tragen.

Nachsicht

Sei nachsichtig und verzeihend –
es erleichtert nicht nur
das Herz des anderen,
sondern auch dein eigenes.

*

Die Nachsicht und die Vergebung
machen das Herz leicht.

*

Zu große Nachsicht
ist nicht unbedingt ein Zeichen von Liebe,
sondern eher von Gleichgültigkeit.

*

Betrachte andere Menschen
nicht nachsichtiger oder strenger als dich selbst.

Sei Licht

Erfreue dich an deiner Sonne,
auch wenn woanders Sonnenfinsternis herrscht.
*
Mitgefühl bedeutet nicht,
seine eigene Sonne zu verdunkeln,
wenn andere Sonnenfinsternis haben,
sondern sein Licht mit ihnen zu teilen.

Humor

Das am meisten unterschätzte Geschenk Gottes
an die Menschen ist der Humor.
*
Die überlegenste Waffe der Welt ist der Humor.
Wo immer man ihn einsetzt, führt er zum Siege.
*
Ein Mensch ohne Humor
kommt am besten als Einsiedler über die Runden.
*
Humor ist der Stoßdämpfer
für die Schlaglöcher des Lebens.
*
Humor ist der Zuckerguss der Wahrheit.
*
Wo der Humor zu Hause ist,
kann die Weisheit nicht weit sein.
*
Humor ist besonders da unverzichtbar,
wo wir keinen Spaß verstehen.
*
Humor ist besonders dann wichtig,
wenn es ernst wird.

*

Der Ernst im Leben ist das,
worin das Lachen gründet.

*

Wo selbst der Humor versagt, hilft nur noch Liebe.

*

Die Wahrheit schmeckt weniger giftig,
wenn man sie mit Humor überzieht.

*

Humor hilft, den Knoten des Lebens zu lockern.

*

Humor kostet nichts, ist keinesfalls umsonst
und macht sich sogar bezahlt.

*

Die beste Entspannungstechnik
bei angespannten Situationen: Humor!

*

Angespannte Situationen entspannt man
am besten mit Humor.

*

Humor ist der Weichspüler von Härtefällen.

*

Humor ist Balsam für die Seele.

*

Das Merkmal jedes Diktators: Humorlosigkeit.

Mut

Mut

Mut ist die Voraussetzung
für alles, was wir erreichen wollen und können.

*

Wer Mut in sich fühlt, sollte ihm folgen,
denn er fordert uns zum Handeln auf.

*

Mut wartet nicht – Mut handelt.
*
Habe doch den Mut,
DU zu sein!
*
Wage es doch,
DU zu sein!
*
Immer wieder brauchen wir Mut für das Unglaubliche.
*
Überraschungsgeschenke des Lebens auszupacken,
erfordert Mut und Spontaneität.
*
Was leichter Mut mag heute scheuen,
wird schweres Herz schon morgen reuen.
*
Die Hoffnung eilt voraus,
aber der Mut muss folgen.

Lebensmut

Wahrer Lebensmut ist der Mut des Selbst,
der aus sich heraus entscheidet – in Wahrhaftigkeit und Liebe.
*
Das Alter braucht nicht Todes-, sondern Lebensmut.
*
Todesmut? Lebensmut? Ein- und dasselbe.

Gleichmut

Gleichmut ist nicht gleich Gleichmut
– er hat immer eine emotionale Färbung –
und schon gar nicht ist er gleich Mut.

Treue

Es gibt wohl Liebe ohne Treue,
aber es gibt keine Treue ohne Liebe.
*
Die Treue folgt der Liebe auf dem Fuße.
*
Was bei einem Hund als Treue hochgelobt wird,
kann bei einem Menschen nicht falsch sein.

Toleranz und Intoleranz

Toleranz ist das Gewähren von Freiraum
für andere Menschen in ihren Überzeugungen,
Gedanken, Handlungen und Eigenheiten.
Sie ist die Grundlage der Freiheit schlechthin
und somit eine wichtige Voraussetzung
für den Frieden unter den Menschen.
*
Toleranz bekommt man nicht in die Wiege gelegt.
Sie ist immer die bewusste Entscheidung eines
selbstbestimmten Menschen zugunsten eines anderen.
*
Toleranz ähnelt dem Alkohol: Zu viel davon berauscht.
*
Tolerant sein bedeutet nicht, wegzuschauen.
*
Ein toleranter Mensch ist offen für alles, was anders ist,
ohne sich selbst dabei aufzugeben.
*
Wo die Toleranz versagt,
müssen die Menschenrechte einsetzen.
*
Einseitige Toleranz lässt sich nicht unendlich strapazieren.

*

Toleranz bedeutet nicht Beliebigkeit.

*

Übertriebene Toleranz mutiert zu Dummheit.

*

Die Weisheit ist die Mutter der Toleranz.

*

Am meisten Toleranz fordern diejenigen, die
am wenigsten Toleranz zu geben bereit sind.

*

Toleranz hat da ihre Grenzen,
wo sie das Recht überschreitet.

*

Grenzenlose Toleranz beißt letzten Endes die Hand,
die sie füttert.

*

Toleranz, die ihre eigenen Grenzen
nicht erkennt, bekommt sie
– oft schmerzhaft –
von der Intoleranz aufgezeigt.

*

Es liegt in der Natur der Sache,
dass das Siegespotenzial der Intoleranz
größer ist als das der Toleranz.

*

Die falsch verstandene Toleranz
geht letzten Endes vor der Intoleranz in die Knie.

*

Falsch verstandene Toleranz verteidigt ihre Werte
so unnachgiebig wie Kartoffelpüree.

*

Grenzenlose Toleranz ist Intoleranz:
gegen sich selbst.

*

Mobbing, ein neuer Name für die uralten Themen:
Egoismus und Intoleranz.

*

Zuerst komme ich und dann, was die Leute sagen.

*

Selbstverständlich bin ich für Toleranz,
darauf habe ich doch Anspruch!

*

Die Frage bleibt:
lässig, zulässig, zu lässig oder unzulässig?

Vergebung und Verzeihung

Wo Liebe ist, ist auch Vergebung,
und nur da, wo die Liebe uns nicht ausfüllt,
kann das Böse einziehen.

*

Bevor Gott dem Menschen vergibt,
muss der Mensch dem Menschen vergeben.

*

Vergebung befreit.

*

Was der Verstand mit Recht schwer verurteilt,
kann das Herz aus Liebe leicht vergeben.

*

In der Vergebung begegnet die Schuld der Liebe.

*

Rache ist süß, aber Vergebung ist süßer.

*

Wer Rache für süß hält,
hat noch nicht die Süße der Vergebung geschmeckt.

*

Eine sanfte Küste zähmt das wildeste Meer.

*

Andere um Verzeihung zu bitten
und selbst anderen zu verzeihen,
schafft viel Leid und Kummer aus der Welt.

VI. Vom Inneren und Äusseren

Innen und Außen, Kraft, Phantasie und Kreativität, Schönheit, Die Macht der Musik, Schwächen und Stärken, Zufriedenheit und Unzufriedenheit, Konzentration

„Wer sich dauernd duckt, darf sich nicht wundern, wenn andere ihn als Treppchen benutzen."

Innen und Außen

Innen und Außen

Alles Innere findet immer seine Entsprechung im Äußeren.

*

Alles im Außen hat seinen Anfang im Innen.

*

Wie die Draufsicht, so die Ansicht.

*

Der äußeren Ordnung folgt die innere.

*

In jedem Anderen begegne ich mir.

*

Wer über den Dingen steht,
wird selten verstanden.

*

Man muss nicht abgehoben sein,
um über den Dingen zu stehen.

*

Über den Dingen zu stehen,
macht unabhängig, aber einsam.

*

Die mutigen Unzufriedenen verändern die Welt.

*

Nicht alles, was machbar ist, ist zu machen.

*

Wer alle Türen aufreißt, darf sich nicht beklagen,
dass es zieht.

*

Wer sich alle Türen offen lässt,
steht mitten im Zug.

*

Wer sich alle Türen offen lässt,
steht zwar mitten im Zug, fährt aber nicht (ab).

*

Wer an Begriffen klebt, wird nie
hinter den Regenbogen fliegen.

*

Wer sich oft häutet,
muss viele Federn lassen.

*

An manchen Tagen bleibt einem nichts anderes übrig,
als sich auf seine inneren Werte zu konzentrieren.

*

Wer den Weg nach innen sucht, geht ihn bereits.

*

Alles Äußere kann nichts ausrichten,
wenn das Innere noch nicht dazu bereit ist.

*

Bevor man sich äußert,
sollte man sich erst
innern!

Der Blick auf das Leben

Bei allem kommt groß raus allein,
wer vorher geht ganz tief hinein.

*

Prüfen wir unser Inneres genau, was wir vom Leben
erwarten und was wir bereit sind, dem Leben zu geben,
denn nur, wer auch gibt, erhält etwas.

*

Wenn wir bewusst in unser Inneres gehen,
öffnen sich uns Türen in neue Dimensionen
mit beglückenden Erlebnissen,
die uns zutiefst dankbar
und demütig zurücklassen.

Dadurch verändert sich unser Blick auf das Leben
und unser Verständnis dafür geht tiefer –
weil die Prinzipien des Lebens selbst anfangen,
sichtbar zu werden.

*

Das eigene Ich zu erfahren,
kann das Schönste und Aufregendste
und Befriedigendste sein,
was das Leben zu bieten hat.

*

Unsichtbare Dinge kann man nur fühlend sehen.

Charakter

In Ausnahmesituationen begegnen wir unserem
wahren Charakter.

*

Verdirbt Macht wirklich den Charakter
oder lässt sie nur den wirklichen Charakter deutlicher werden?

Kraft

Aus jeder Tat, die du geschafft,
bereichert sich des Innern Kraft.

*

In der Natur kann die Seele frei atmen
und der Mensch Kraft tanken,
weil er dann weniger denkt und mehr fühlt.

*

Innere Kraft ist die Energie,
die unsere gesamte positive Entwicklung,
in körperlicher wie auch
in geistig-seelischer Hinsicht,
in uns zurücklässt.

*

Was nützt Kraft, die man nicht nutzt?

Phantasie und Kreativität

Phantasie

Die Phantasie ist Teil der Schöpferkraft unserer Seele.

*

Bevor etwas konkret Gestalt annimmt,
entsteht ein geistiges Bild davon
in unserer Phantasie.

*

Bevor etwas konkret Gestalt annimmt,
entsteht ein geistiges Bild davon
in unserer Phantasie,
denn die Phantasie ist Teil
der Schöpferkraft
unserer Seele.

*

Phantasie ist das Lustwandeln des Geistes.

*

Und ist der Himmel noch so grau,
ich male ihn mir einfach blau.
Ich brauche keine Therapie,
der beste Arzt ist Phantasie.

*

Phantasie hat nichts mit Wissen zu tun,
wohl aber viel mit Glauben.

*

Börse
ist sichtbare und Geld werte Phantasie
über Wirtschaft.

*

Phantasie ist auch eine Realität.

*

Geheimnis lädt ein Phantasie,
nie geht Geheimnis ohne sie.

*

Eine Vision ist, was jeder haben kann,
aber nicht jeder hat.

Kreativität

Die Urkraft der Kreativität
ist die schlafende Schlange der Weisheit.

*

Kreativität bedeutet,
inneres Leben ins äußere zu bringen.

*

Kreativität bedeutet,
Fähigkeiten in uns zu erfüllen,
um uns selbst wahr werden zu lassen.

*

Kreativität ist der Odem,
der Intelligenz Leben einhaucht.

*

Kreativität ist,
womit Intelligenz leere Blätter beschreibt.

*

Ohne Kreativität ist Intelligenz
nur Potenzial.

*

Alles Geniale ist durch Kreativität potenziertes Handwerk.

*

Nur was gründet, kann sich erheben.

*

Kreativ zu sein ist die Fähigkeit,
Dinge fließen zu lassen,
wenn sie reif sind.

*

Kreativität ist schöpferische Phantasie.

*

Kreativität ist keine plötzliche Eingebung,
sondern die reife Frucht unseres inneren Lebens.

*

Wissen pflastert bekannte Wege.
Intuition, Phantasie und Kreativität
bereiten und beschreiten
neue, unbekannte.

*

Die Kreativität ist in ihrer Ursprünglichkeit dermaßen kraftvoll,
dass sie sehr wohl imstande ist,
aus sich selbst heraus schöpferisch tätig zu sein.
Sie braucht dazu weder Belehrung noch Vorbild.

*

Kreativität ist die Fruchtbarkeit der Seele.
Sie liebt die Ruhe und Abgeschiedenheit.
Je leiser du bist, desto lauter
spricht deine Seele zu dir
und beschenkt dich mit Früchten
deines inneren Gartens.

*

Je mehr wir funktionieren müssen,
desto mehr unterdrücken wir unsere lebendige
Phantasie und spielerische Kreativität.
Sie aber brauchen wir,
um in Notzeiten überleben zu können.

*

Intuition zieht keine Schlüsse,
als erfasst zielgerichtet das Wesentliche.
*
Auch die Kreativität will gepflegt sein,
angenommen und gedüngt,
um dann zu sprießen und reiche Früchte zu tragen.
*
Kreativität läuft nicht nach Plan.
*
Planmäßige Menschen sind selten kreativ.
*
Er hatte die Kreativität fest eingeplant und wunderte sich
dann, dass sie nicht kam.
*
Die Stopfleber mutet man Gänsen zwar nicht mehr zu,
ist aber bei Schülern quasi an der Tagesordnung:
Ihr Gehirn wird zwangsweise vollgestopft
mit immer mehr totem Wissen,
bis lebendige Phantasie und
und spielerische Kreativität
erstickt sind.
*
Kreativität –
DIE Über-Lebensversicherung schlechthin.

Schönheit

Schönheit ist die Essenz
der Kreativität schlechthin – die Seele der Schöpfung.
*
Die Schönheiten des Lebens warten überall darauf,
von uns als Geschenk angenommen zu werden.
*
Schönheit ist Seele, die sichtbar und wahrnehmbar ist.

*

Was in die Seele hineinblickt, blickt aus ihr heraus.

*

Um Schönheit wahrnehmen zu können,
müssen wir einen Teil zumindest schon in uns haben.

*

Größe beeindruckt, Schönheit berührt.

Die Macht der Musik

Macht der Musik

Was das Erfolgsgeheimnis von Musik ist?
Sie ist pures Gefühl.

*

Für jedes körperliche Leiden
ist ein Kraut gewachsen.
Für jedes seelische Leiden
gibt es eine Musik.

*

Die richtige Musik
zur richtigen Zeit
am richtigen Ort
berührt unsere Seele
und führt uns
in unser innerstes Wesen.

*

Wen die Musik findet, den erreicht sie.

*

Musik ist nur eine Stimme des Lebens,
aber vielleicht seine schönste.

*

In der Musik wohnt die Schönheit des Lebens.

*

Musik ist Klang gewordene Erinnerung der Schöpfung.

*

Musik ist die einzige Sprache,
die man nicht erlernen muss,
um sie zu verstehen.

Singe

Was dich im Herzen berührt und bewegt,
bringt deinen Mund zum Singen.
*
Singe Mund, was die Seele fühlt.
*
Auch der emsigste Vogel hält inne, um zu singen.
*
Ein Vogel hört nicht auf, Vogel zu sein,
wenn er nichts von Ornithologie versteht.
Keine Nachtigall könnte deswegen
schöner singen.
*
Jeden Morgen wieder
erhebt die Lerche sich
und singt aufs Neue
freudig ihr Lied.

Schwächen und Stärken

Schwächen und Stärken

Kleine Schwächen
sind die Sommersprossen
auf der Haut des Charakters.
*
Wer über seinen Schwächen steht,
unterliegt ihnen nicht.

*

Schwächen muss man sich leisten können.

*

Sei nicht traurig über deine Schwächen.
Betrachte sie viel mehr als Chancen,
deine Stärken von morgen zu sein!
Denn all deine heutigen Stärken sind in Wahrheit
deine überwundenen Schwächen von gestern.

*

Es ist durchaus eine Stärke,
Schwäche zeigen zu können.

*

Er hatte so viel Stärke,
sich Schwäche zu leisten.

*

An den Schwächen und Fehlern beweist sich die Liebe,
nicht an den Stärken.

*

Die Klage ist die Stärke der Schwachen.

*

Die Schwäche des Starken ist die Stärke des Schwachen.

*

Nur der schwache Mann fühlt sich
von einer starken Frau bedroht.

*

Nicht der stärkste Baum überlebt den Sturm,
sondern der biegsamste.

*

Alle unsere Stärken sind überwundene Schwächen.

*

Unsere Schwächen von heute können unsere Stärken
von morgen sein.

*

Unsere Schwächen sind eigentlich unvollkommene Stärken.

*

Die größte Stärke liegt in der Biegsamkeit.

*

Unsere Stärken von heute
sind die überwundenen Schwächen
von gestern.

*

Hitzköpfe werden oft schon
von einem einzigen Funken entflammt.

*

Stärke ohne Zartheit ist Grobheit.

*

Wer etwas aus sich herausholen möchte,
muss in sich hineingehen.

*

Starke Beine nützen nur dem,
der mit ihnen läuft.
Starke Arme nützen nur dem,
der mit ihnen anpackt.

Höchstleistungen

Der Motor Pflicht ist zu Höchstleistungen fähig,
wenn ihn der Kraftstoff Motivation antreibt
und das Öl Freude schmiert.

*

Nicht der Körper, der Wille vollbringt Höchstleistungen.

Wunden

In meinen Schwächen sei bitte sorgsam und
vergiss dich nicht, denn da, wo du mich verletzt,
bluten wir beide.

*

Man sollte nicht selbst in seinen Wunden stochern,
das tut das Leben schon.

Für Krisenzeiten

Nur die Stärken, die wir in leichten Zeiten kultivieren,
stehen uns in Krisenzeiten uneingeschränkt zur Verfügung.
*
Kultiviere deinen Optimismus in leichten Zeiten,
damit er dir in schweren Zeiten selbstverständlich
zur Verfügung steht.
*
Kultiviere deine Fähigkeiten in leichten Zeiten,
damit sie dir in schweren selbstverständlich
zur Verfügung stehen.

Sei kein Treppchen

Wer sich dauernd duckt,
darf sich nicht wundern, wenn
andere ihn als Treppchen benutzen.
*
Behandelt man dich wie einen Hund,
verkrieche dich nicht in dein Körbchen:
belle!
*
Jeder möchte außergewöhnlich, aber
nicht außerhalb der Gewöhnlichen sein.
*
Menschen, die nicht nein sagen können,
sind beliebt bei Menschen,
die Jasager brauchen
für unbeliebte Arbeiten.
*
Wer sich zum Wurm macht,
darf sich nicht wundern,
wenn er gefressen wird.

Unscheinbar

Unscheinbare Menschen haben den Vorteil,
dass man von ihnen nichts erwartet.
*
Wer sein Licht dauernd unter den Scheffel stellt,
darf sich nicht wundern, wenn ihn niemand sieht.
*
Wer sich nichts zutraut, gibt auf,
bevor er begonnen hat.
*
Wer sich nichts zutraut,
wird nichts erreichen.

Zufriedenheit und Unzufriedenheit

Zufriedenheit

Die Genugtuung über erfüllte Wünsche währt nur kurz,
sie ist keine echte Zufriedenheit.
Wahre, echte Zufriedenheit ist ein Lebensprinzip,
eine Grundeinstellung im Menschen,
die ihn heiter macht und glücklich
auch in traurigen und schwierigen Lagen.

Denn in jeder Lage,
mag sie auch noch so schwer sein,
ist immer auch etwas Gutes und Schönes enthalten,
das es gilt zu entdecken und zu erkennen
und zu schätzen.
*
Hast du die Wahl zwischen
den beiden Schwestern
Zufriedenheit und Glück,
dann wähle die Zufriedenheit.
Sie ist häuslicher.

*

Zufriedenheit ist das stille Glück,
das aus dem erfüllten Lebenssinn erwächst.

*

Zufriedenheit ist die kleine Schwester des Glücks.

*

Zufriedenheit ist die kleine Schwester des Glücks.
Sie ist das stille Glück
das aus dem erfüllten Lebenssinn erwächst.

*

Zufriedenheit erfüllt das Leben,
und ein erfülltes Leben
schenkt Zufriedenheit.

*

Zufriedenheit ist das Wasser jener süßen Quelle,
von der ein einziger Tropfen schon deinen Durst stillt.

*

Der Herzschlag der Zufriedenheit ist ruhig
und gleichmäßig.

*

Es ist die Selbstsucht, die so unruhig
schlagen lässt das Herz.

*

Der Herzschlag der Zufriedenheit
ist ruhig und gleichmäßig.
Es ist die Selbstsucht, die so unruhig
schlagen lässt das Herz.

*

Die Zufriedenheit bereitet dem Glück ein Zuhause.

*

Zufriedenheit – die beste Medizin.

*

Zufriedenheit bedeutet nicht Stillstand,
der nach nichts mehr verlangt,
sondern die Herausziehung des stillen Glücks
aus jeder Gegebenheit.

*

Sich selbst treu zu bleiben,
bedeutet nicht Stillstand!
*
Die Sehnsucht und die Zufriedenheit können nicht
unter einem Dach wohnen.
*
Es lebt zufriedener, wer die Erwartung an sich
seiner Leistungsfähigkeit anpasst.
*
Den Grad seiner Zufriedenheit
bestimmt jeder selbst.

Unzufriedenheit

Was gibt mir letztendlich das Streben nach Geld und Gut,
nach mehr und mehr Macht als Unzufriedenheit,
denn nie wird es genug sein, was ich schon habe.
Maßlos ist die Begehrlichkeit nach wertlosen Dingen,
ein einziger erfüllter Wunsch birgt schon in sich die Geburt
etlicher neuer Wünsche und damit Unzufriedenheit.
*
Unzufriedenheit ist ein Zeichen dafür,
dass unser Leben noch nicht
seinen optimalen Wert
erreicht hat.
*
Unzufriedenheit ist der erste Schritt zur Veränderung.
*
Unzufriedenheit fordert zu Veränderung auf.
*
Unzufriedenheit ist der Treibstoff des Fortschritts.
*
Warum Unzufriedenheit und Mut gute Partner sind?
Weil Unzufriedenheit zu Veränderung auffordert
und Mut zum Handeln.

*

Ein einziger erfüllter Wunsch birgt schon in sich
die Geburt etlicher neuer Wünsche
und damit Unzufriedenheit.

Konzentration

Konzentration erschafft Größe und Vollendung.
*

Aufmerksamkeit ist die Brille des Geistes,
Konzentration seine Lupe.

VII. Sonstiges, auch zum Schmunzeln

Oh Mann!, Frauenverständnis, Mode, Bildung, Allerlei Gedanken

„Es regnet nie aus dichten Wolken, sondern aus undichten."

Oh Mann!

Oh Mann

Männer sind im Haushalt nicht faul –
sie sind nur minimal-invasiv.
*
Oh Mann, oh Mann, oh Mann ja,
es kann ja nur gutgehn,
und dann, oh dann, oh dann ja,
dann wird alles schön.
*
Männer sind logisch.
Frauen unlogisch.
Männer lieben Frauen.
*
Wer Frauen dichtend kann betören,
den werden gerne sie erhören.
*
Männer nehmen sich selbst sehr wichtig
und darum auch ihre Arbeit.
Oder ist es umgekehrt?!
*
Frauen sind wie Saiteninstrumente,
sie klingen so, wie man sie stimmt.

*

Nur ein wahrhaft starker Mann erträgt eine starke Frau.
*
Es sollten Männer nie vertrauen
alleine auf den Duft der Frauen.
*
Bei Frau ist Mann nie so ganz sicher.
*
Leben Ehemänner wirklich länger als Junggesellen,
oder kommt es ihnen nur so vor?
*
Schießt Männern im unteren Teil des Körpers das Blut ein,
fehlt es im Kopf.
*
Manche werden von Ausgezogenen angezogen
und manche von Angezogenen ausgezogen.
*
Seine Liebe zu Schafen entsprang purer Woll-Lust.
*
Er zeigt auf seine blauen Flecken: Ich werde immer bunter!
Sie: Das ganze Land ist bunt, warum nicht du?
*
Ich paarschippe jetzt.

Aufgabenverteilung

Wie die Aufgaben verteilt sind, ist bei Familie Vogel doch
ganz klar zu sehen: ER posaunt sich Stunden lang in die Welt
hinaus und SIE macht die Kinder und das Nest.

Vermeidung

Wer seinen Dreck selbst wegmachen muss,
achtet darauf, ihn zu vermeiden.

Warum / Wieso?

Warum bloß lassen sich so viele Frauen
von ihren glücklich verheirateten Männern scheiden?
*
Warum setzen sich gute Zeiten sofort
auf den Hüften zur Ruhe?
*
Wieso soll Wäsche Arbeit sein?!
Die holt man doch sauber aus dem Schrank?!
*
Warum so viele Missstände?
Weil wir sie ausblenden.
*
Rund um die Uhr suchen riesige Antennen
nach intelligentem Leben im All.
Wahrscheinlich aus reiner Verzweiflung und händeringend.

Last

Alles was zu viel du hast, wird statt Freude dir zur Last.
*
Es wird selbst Last die Lust,
wenn du statt willst sie musst.
*
Die Zeit vertreiben nur dann, wenn sie lästig wird.
*
Selbstausbeutung nennt man heute „Burn-Out".

Missgeschick

Meist mangelt es beim Missgeschick
am allgemeinen Überblick.

Frauenverständnis

Weichzeichner

Warum Frauen Pelze lieben?
Pelze sind Weichzeichner zum Anziehen.
*
Pelze sind die Weichzeichner für den Teint der Frauen.
*
Was Weichzeichner für Fotos sind, sind Pelze für den Teint.

Frauenverständnis

Ein Lächeln kleidet nicht nur – es zieht an.
*
Jugend ist die Zeit, in der eine Frau als einzige Kosmetik
ein Lächeln braucht, um zu strahlen.
*
Kosmetik macht Hässliches nicht schön,
aber Schönes schöner.
*
Ich bin eine Frau.
Mir fehlt nicht nur nichts,
so wie ich gemacht bin, bin ich vollkommen.
*
Ich bin eine Frau – ich darf das!
*
Ein Mann definiert sich selbst und seinen Wert
über seine Arbeit.
Eine Frau definiert sich auch *DARÜBER*.
*
Erwachsene Frauen brauchen erwachsene Männer.
*
Eine Frau ist dann wirklich krank,
wenn das Aussehen ihr gleichgültig ist.

*

Eine Frau, der ihr Aussehen egal ist,
ist entweder sehr alt oder sehr krank.
*
Kein Land kann gedeihen, das seine Frauen nicht liebt.
*
In der kleinsten Handtasche ist Platz
für eine ganze Frau.
*
Wo hört Körperpflege auf, und wo fängt Körperkult an?
*
Ich kenne keine Frau,
die auf ihre inneren Werte reduziert werden möchte.
*
Würde eine Hausfrau, die zum Essen einlädt,
im Zirkus arbeiten, wäre sie alle diese nachfolgenden
Personen in Personalunion:

Direktorin, Conférencier, Clown, Flieger
und gleichzeitig Fänger am Trapez, Dompteurin,
Hilfskraft, Zuschauer, Logistikmanagerin
und Caterer. Ein ziemlicher Spagat, oder?
*
Sie galt als geheimnisvolle Frau, weil sie meist
nur lächelte, wenn man mit ihr sprach.
Ihr Geheimnis? Schwerhörigkeit.
*
Gott hat die Frau aus gutem Grund
nach dem Mann erschaffen,
denn nie kommt das Meisterstück
vor dem Gesellenstück.
*
Die Natur der Natur ist zweifellos weiblich.
Sie wechselt ständig ihre Kleider.
*
Man kann nicht immer etwas für seine Figur,
wohl aber dafür, wie man sich anzieht.

*

Der Frust der Frau ist meist der Mann,
weil er sie nicht verstehen kann.
Doch klug schweigt sie darüber still,
dass er es oft auch gar nicht will.

*

Bei der Sicherheitsschleuse
beruhigte sie ihren Begleiter
wegen ihrer Metallaccessoires:
Mir piepst man nicht nach – mir pfeift man nach!

*

Dich kann man ja überhaupt nicht für voll nehmen, sagte er.
Doch, entgegnete sie, ich brauche nur noch zwei Gläser Wein.

*

Ich muss echt sein, mein Schmuck muss es nicht.

*

„Das verstehe ich nicht", sagte die Dunkelhaarige,
„im Innern bin ich blond."

*

Dumme Pute!
Dann muss es ja auch kluge Puten geben?!

*

Sexistische Werbung ist Entwürdigung.

Mode

Die Mode ist wie das Leben:
Es ist alles schon mal da gewesen.

*

Mode: Alte Ideen neu verpackt und vermarktet.

*

Was beim Militär Uniform heißt, nennt man
im zivilen Leben Mode.

*

Stil hat, wer im uniformen Modediktat
seinen individuellen Ausdruck gefunden hat.

Bildung

Bildung

Einbildung kann man ausbilden und
Ausbildung einbilden. Bildung
bildet eher ein als aus und gar
nicht vor und nach, jedoch
können auch Unbilden bilden.
*
Bildung schützt vor Torheit nicht.
*
Wissen allein ist noch keine Bildung.
Es erlaubt nur, uns ein Bild zu machen.
*
Es ist nicht wichtig, was du gelernt hast.
Wichtig ist, was du weißt.
*
Dein IQ entscheidet, ob man dich als stur oder
beharrlich und zielstrebig wahrnimmt.
*
Auch Unbilden können bilden.
*
Wer meint, er hätt genug gelernt
und gelte jetzt als weise,
der ist noch weit davon entfernt
und hat bloß eine Meise!

Schüler und Lehrer

Wie der Schüler den Lehrer braucht und sucht,
sucht und braucht der Lehrer den Schüler.
*
Das Leben ist so unglaublich vielschichtig,
dass ein Mensch immer irgendwo Schüler ist.

*

Der Mensch mag noch so viele Meistertitel besitzen –
immer ist er doch gleichzeitig irgendwo Schüler.

*

Der Mensch ist nie zu jung oder zu alt,
sich selbst zu erfahren.

*

Immer ist das Leben gleichzeitig Lehrer und Prüfer.

*

Lehre andere, um dich selbst zu lehren.

Zeugnisse

Zeugnisse sind wie Zeitungen von gestern –
im Idealfall geben sie den tatsächlich
gewesenen Zustand wider.
Den heutigen vermögen sie nur anzudeuten.

*

Zeugnisse und Zeitungen überholt die Zeit.

Allerlei Gedanken

Allerlei Gedanken

Setze dich für etwas ein, aber stehe dahinter!

*

Der Punkt ist nicht, gut zu sein.
Der Punkt ist, gut zu sein für etwas.

*

Zu viel Mutterliebe schadet nicht,
wohl aber zu viel Bemuttern.

*

Ich hab's nicht gesucht, aber ich fand es gut.

*

Nicht gesucht, aber gut gefunden.

*

Auch was man nicht gesucht hat,
kann man gut finden.

*

Schlau ist, wer mit der Dummheit anderer rechnet.

*

Wer nichts weiß, stellt entweder alles in Frage oder nichts.

*

Manchmal ist doof schlauer.

*

Manche Begriffe machen mich stutzig.

*

Ein Kuss kann köstlich munden.

*

Den eigenen Wert im anderen entdecken und wiederfinden.

*

Von etwas, das uns nicht wichtig ist,
erkennen wir selten den Wert.

*

Ich bringe die Dinge auf meinen eigenen Punkt,
und manchmal haben wir dort sogar gemeinsam Platz.

*

Sicher ist nichts.

*

Wer über andere lacht, merkt nicht, dass er im Grunde
auch über sich selbst lacht.

*

Der Hansdampf in allen Gassen
ist nirgends richtig zu Haus.

*

Wenn nichts sicher ist, ist alles möglich.

*

Selbst ein schiefer Baum wächst dem Himmel entgegen.

*

Der beschnittene Baum trägt größere Früchte.

*

Aus dem Ganzen wächst die Frucht.

*

Sei wie ein Baum! Sein Bestreben ist immer, so aufrecht
wie möglich dem Himmel entgegenzuwachsen.

*

Wer immer anderen zu gefallen sucht, findet
sich schließlich selbst nicht mehr.

*

Jemand anderem zu gefallen,
ist ein armseliger Ersatz dafür,
sich selbst zu gefallen.

*

Fehlschläge können treffen.

*

Fehlschläge sind nur Übungsbälle, die im Netz landen.

*

Wer lesen kann, ist im Vorteil.

*

Weiß der Geier war gestern, heute weiß Google.

*

Er hatte einen Hang zur Größe und bezahlte
deshalb nur in großen Scheinen.

*

Manchmal (ver-)übt der Fälscher den Meister.

*

Übung macht den Meister,
aber manchmal auch der Fälscher.

*

Wer beim Jagen zu viele Enten anvisiert,
trifft letztendlich keine.

*

Mit Verfolgungsfilmen kann man mich jagen.

*

Was haben Boxer und gute Redner gemeinsam?
Die Schlagfertigkeit.

*

Manchmal sieht man erst, wie hässlich etwas war,
wenn es jemand schöner gemacht hat.

*

Kein Schlaf ist süßer als der des Gerechten
oder dessen, der sich für gerecht hält.

*

Nur der kann erwachen,
der dem Schlaf nicht hörig ist.

*

Im Grunde ist Vielfalt vielfältige Einfalt.

*

Bei vielen Falten kann von Einfalt nicht mehr die Rede sein.

*

Leute machen Kleider, die Leute machen.

*

Die Kleider, die Leute machen, machen Leute.

*

Wer Computer nicht wartet, wartet.

*

Nicht der Witz überdauert, der Sinn.

*

Wer immer nur nimmt, ohne zu geben,
steht eines Tages mit leeren Händen da.

*

Erhaltene Denkzettel sollte man auch lesen.

*

Wer der Pflicht alles gibt,
hat nichts mehr übrig für die Kür.

*

Der Jäger ist des Hasen Tod,
doch viele Hasen Jägers Not.

*

Was kann Leere lehren?
Leere lehrt nicht, sie wird belehrt.

*

Zum Klatschen braucht man zwar zwei Hände,
aber nur einen Mund.

*

Auch Höhepunkte haben Höhepunkte!

*

Wenn Max und Moritz die Köpfe zusammenstecken,
ist etwas im Busch.

*

Ist das Gegenteil von teuflisch gut himmlisch schlecht?

*

An manchen Tagen steht man zu sich und bleibt liegen.

*

An sehr heißen Tagen befinde ich mich im Arbeitskoma.

*

Ausnahmen verwirren die Regel.

*

Da er sich nichts verkniffen hat, kneift ihn jetzt seine Hose.

*

Das leichteste Spiel hat die Verführung bei denen,
die sich nichts erlauben.

*

Unter Lebewesen findet mehr Austausch statt,
als wir gemeinhin ahnen.

*

Geheimnisse drücken wie zu kleine Schuhe.

*

Manchmal ist Rückzug das beste Vorgehen.

*

Eine Kopie von jemand ist ein Niemand.

*

Können Fußgänger Vorfahrt haben?

*

Nicht alles, was abgefahren ist, kommt auch an.

*

Um keinen Nachteil zu haben, ist es von Vorteil,
einen Vorwand in der Hinterhand zu haben.

*

Warum wir hinten keine Augen haben?
Damit wir nach vorn schauen!

*

Jede fiktive Geschichte steht auf sehr realen Füßen.

*

Große Dinge werfen lange Schatten.

*

Manchen Leuchten will partout kein Licht aufgehen.

*

Tröstlich am fortgeschrittenen Vergessen ist,
dass man vergisst, dass man vergisst.

*

Manche Dinge sind eindeutig zweideutig.

*

Ich kann mir alles kaufen, was ich will,
weil ich nicht alles kaufen will, was ich könnte.

*

Samenwinzling – Mammutbaum.

*

Wer einen Tanka mit einem Tanga verwechselt,
muss Sachse sein.

*

Das Gemeine an Allgemeinplätzen ist das
ungemein Allgemeine.

*

Endresultat der Genforschung:
lauter Barbies und Kens mit Einsteinniveau.

*

Heißt die Tochter vom Vampir Vampirette?

*

Es gibt Dinge, die nicht tolerieren,
dass man sie nebenbei erledigt: z. B. Grießbrei.

*

Glaubst du noch oder erkennst du schon?

*

Die Stimmung macht den Tag.

*

Gewinn durch Verzicht.

*

Unterschiede führen zu Differenzen.

*

Es ist ein großer Unterschied,
ob ich aus freien Stücken auf etwas verzichte
oder ob ich dazu gezwungen werde.

*

Butter ist Geschmackssache.

*

Vom Birnbaum fällt kein Apfel.

*

Wer meint, über den Dingen zu stehen,
ist längst Teil ihrer Strickmuster.

*

Viele, die wenig geben, machen aus wenig viel.

*

Wer glaubt, dass Wahrheit und Recht zusammengehören,
glaubt auch, dass man den rechten Winkel begradigen kann.

*

Ach, die Wahrheit!
Weil man ihr ständig am Zeug flickt,
läuft sie zerlumpt herum.

*

Alle Gewässer haben Fläche, aber nicht alle haben Tiefe.

*

Nicht jedes stille Wasser ist tief.
Manche stillen Wasser sind einfach nur Pfützen.

*

Nur weil Wassertropfen vom Himmel kommen,
bedeutet es nicht, dass das Meer der Himmel ist.

*

Es regnet nie aus dichten Wolken,
sondern aus undichten.

*

Was man nicht ändern kann, muss man genießen.

*

Ein guter Kaffee muss alle Bohnen in der Tasse haben.

*

Der ausgereifte Apfel fällt in deine Hand.

*

Spätzünder reifen ungerührt
dem richtigen Zeitpunkt entgegen.

*

Nicht jeder Spätzünder ist ein Knaller.

*

Es gibt Schuhe, die Land gewinnen können,
weil sie kein Land gewinnen können.

*

Was bei Fuß gehen soll, muss man rechtzeitig
von der Leine lassen.

*

Es gibt Partner, die verdienen einander.

*

Was man in der Pfeife rauchen kann,
hat wenigstens noch Brennwert.

*

Was uns verbindet, ist wie der Hummelflug – angeblich
nicht möglich, aber die Hummel fliegt.

*

Wurzel, Blatt, Blüte und Frucht sind eins.

*

Passt nicht ins Konzept?
Gott sei Dank! Es hebt sich ab!

*

Nur wer sich selbst zurücknimmt,
kann zu anderen vordringen.

*

Wer sich zurücknimmt, nimmt für sich ein.

*

Meine Vergesslichkeit wird immer schlimmer.
Manchmal weiß ich schon heute nicht mehr,
was morgen gewesen ist.

*

Es ist nicht immer klar, auf welcher Seite die Perlen
oder die Säue sind.

*

Bauernopfer finden auch unter Bauern statt.

*

Auch eine Schnecke legt einen Zahn zu,
wenn ihr Gefahr droht.

*

Harte Tage sind schwer verdaulich, aber nahrhaft.

*

Auch Verwandte können sich unverwandt ansehen.

*

Das Unbeständige ist am beständigsten.

*

Nichts kommt von nichts.

*

Wenn man nichts ändert, ändert sich nichts.

*

Camping ist Haushaltsführung unter Umständen,
die man zu Hause nicht akzeptieren würde.

*

Das TV-Unser:
Unseren täglichen Mord gibt uns heute!

*

Gender-Deutsch ist nur etwas für verbale Flagellanten.

*

Von manchen Gefühlsergüssen ist man mehr
geschüttelt als gerührt.

*

Der freie Fall ist der Weg des geringsten Widerstandes.

*

Manchmal hört man die Nachtigall so laut trapsen,
dass man meinen könnte,
die Dinosaurier seien zurück.

*

Die Nachtigall, die ich gerade trapsen höre,
hat das Format eines Dinosauriers.

*

Es war der Elefant und nicht die Nachtigall.

*

Ein leerer Magen macht sich schneller bemerkbar
als ein leerer Kopf.

Heilkunst

Man nennt Hippokrates den Vater der Heilkunst
und übergeht dabei der Heilkunst viele Mütter.
*
Kernspintomographie:
Wir müssen nicht mehr in die Röhre gucken,
die Röhre guckt in uns.
*
An Krankheiten kann man sich gesundstoßen.

Schlankheitswahn

Hungerst du noch oder
erbrichst du schon?

Praktisch

Die meisten Dinge sind schön praktisch.
Praktisch schön wären sie mir lieber.
*
Schön praktisch kann ganz schön hässlich sein.

Maschinen

Wer dient wem?
Maschinen uns oder wir ihnen?
*
Maschinen dienen uns, aber wir be-dienen sie.

*

Eine Waschmaschine tut nichts, die will nur spülen.

*

Was soll ich mit einem Waschbrettbauch,
wenn ich eine Waschmaschine habe?

*

Es muss nicht an der Zugmaschine liegen,
wenn sie keine Anhänger findet.

Ein Fluss bleibt ein Fluss

Immer bleibt ein Fluss ein Fluss und ist doch
keine Sekunde sich gleich.

*

Ein Sturm entsteht,
wenn genügend Flöhe gleichzeitig husten.

*

Ein Sturm im Wasserglas setzt sehr viel Phantasie voraus.

*

Überschwemmungen verwüsten.

Entschuldigung!

*Für die meisten meiner Sprüche kann ich gar nichts,
die standen auf einmal so da.*

Register

Register

Register

Gudrun Zydek

Schriftstellerin, Lyrikerin und Aphoristikerin
Mitglied im Deutschen Aphorismus-Archiv (DAphA e. V.)

eMail: info@gudrunzydek.de
www.gudrunzydek.de

Lebenswürdigkeiten Band I
*Aphorismen * Sprüche * Weisheiten*

ISBN 9-7837-5438-5234
164 Seiten

Komm, ich zeige dir den Weg!
Unser Weg durch das Leben in inspirierten Schriften

Titelbild: Michael Zydek
ISBN 3-8267-4376-8
265 Seiten

Himmlische Regentropfen
Gedichte

Titelbild: Michael Zydek
ISBN 3-8267-4576-0
117 Seiten

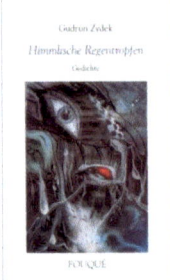